그래프게임
미국주식과 ETF

대표저자 • 윤 진
저자 • 김수아

그래프게임과 제1 투자 자산

온라인 도박 중에는 그래프게임이라는 도박이 있다. 베팅한 시점보다 뒤늦게 돈을 베팅한 사람들의 돈이 크면 클수록 수익이 늘어나는 시스템이다.

도박을 권장하는 것이 아니다, 필자도 영상으로만 접했을 뿐 해본 적이 없으며 절대 승률이 높은 게임이 아니다. 다만, 언급하는 이유는 적어도 이 게임은 피라미드처럼 쌓여가는 자본주의의 본질에 가장 가까운 게임이라는 것이다.

이러한 본질을 가장 영리하게 이용한 투자 자산으로는 비트코인을 들 수 있다. 기초자산이 없지만 이러한 피라미드가 쌓이도록 하기 위한 여러 이론을 녹여 놓은 구조다. 이러한 구조를 잘 이해한다면 여러 스캠(사기) 코인들을 거를 수도 있다.

내 돈이 피라미드처럼 쌓여가기 위한 가장 중요한 본질은 국가 경제의 투자 자본이 가장 꾸준히 잘 쌓일 수 있는 시장을 찾는 것이다. 나는 이것을 '제 1 투자 자산'이라고 명명하겠다. 국가별로 제 1 투자 자산은 상이하다. 현재 아시아권 국가들에서는 그 자산이 부동산인 경우가 많고 서방의 선진국들에서는 그 자산이 주식이다.

제 1 투자 자산에 투자하지 않는다면 아무리 높은 가치를 지녔다고 평가되어도 가치에 수렴하기 위해서는 긴 시간이 걸리거나 도달하지 못할 수 있다. 비인기 토지나 장외주식이 헐값에 거래되는 것과 같다.

우리가 투자를 하는 이유로 돌아가 보자. 우리는 왜 리스크를 감수하고 투자를 하고 있을까? 리스크를 감수하는 이유는 간단하다. 원금이 보존되는 리스크 없는 수익, 예금이자보다 더 높은 수익을 거두는 것이다.

현대 사회는 이자와 화폐 발행으로 자산의 총량이 증가하고 있으며, 물가는 지속적으로 상승해서 인플레이션을 만들고 있다. 이것은 화폐가치의 하락이며 평균적인 소비 여력의 증가 속도라고 보면 적절하다. 나의 자산이 인플레이션보다 빠른 속도로 증가해야만 실제 소비 여력이 증가하고, 전보다 삶이 나아지고 있다고 느끼게 된다.

인플레이션보다 높은 수익이 지속되면 오늘 비싸게 보이는 밥값이 싸게 느껴지며 엄두가 안 나던 명품이 평범한 브랜드로 느껴지고, 절대 살 수 없을 것 같던 집도 선택일 뿐인 시점이 오게 될 것이다.

그렇다면, 인플레이션보다 높은 수익이란 어떻게 만들어질 수 있을까? 당신이 투자하고 있는 시장이 시간이 지나도 통장 이자보다 수익이 좋지 않아서 답답한가?

나는 시장에서 통상적으로 이야기하는 투자법을 탓하지는 않겠다. 단언컨대, 투자법보다 중요한 것은 어느 시장에 투자했냐는 것이다.

그렇다면 무엇을 해야 하는가? 우리는 국가별 제 1 투자 자산에 관심을 가지고 전 세계의 제 1 투자 자산에 관심을 가질 필요가 있다. 즉, 적어도 한 국가에서 가장 많은 사람들이 플레이하고 있는 그래프게임을 하는 것이다. 어느 국가든 지방보다 사람들이 모이는 중심지, 수도의 부동산이 잘 오르는 것처럼 말이다.

현대 사회는 국가 간의 장벽을 넘어 투자가 가능하다. 그렇다면 우리가 해야 할 것은 명확하지 않은가? 전 세계의 중심에 있는 그래프게임, 미국 주식과 ETF로 불리는 자본주의의 수도를 알고 투자를 시작하자.

대표저자 윤 진

서문 그래프게임과 제 1 투자 자산

Chapter 4
미국 ETF 투자 전략

1. ETF 활용 방안

2. ETF 투자를 위한 매크로 분석

Chapter 5
포트폴리오와 리스크 관리

1. 리스크의 종류와 대처 방법

2. 자산 배분과 포트폴리오 관리

Chapter 6
미국 세금, 수수료 등 부가 비용

1. 세금

2. 수수료와 비용

3. 환율 비용

결문 현대 사회의 그래프게임

Start

자본시장은 많은 자본이 쌓여가며 높이가 높아지는 산과 같다.

미증시는 전 세계 자산가들이 돈을 쌓고있는 에베레스트이다.

Chapter 1

미국 주식 투자의 시작

1. 미국 주식 시장의 개념과 역사

자본 시장이란, 돈을 쌓아 올리는 피라미드와 같다. 국가의 수도가 지방보다 건물이 빠르게 높아지는 것처럼 많은 자본이 쌓일수록 돈의 피라미드는 빠르게 높아진다.

유럽의 부자 가문들은 유럽과 영국이 글로벌 경제의 중심일 때 탄생했고 미국의 부자들은 미국이 글로벌 경제의 중심인 가운데 탄생해왔다.

그렇다면, 자본주의 시장에서 우리가 취해야 할 행동은 간단하지 않은

가? 글로벌 경제의 중심지, 수도에 투자해야 한다. 적어도 이 중심지가 바뀌기 전까지는 말이다.

미국 주식 시장의 개념과 기능

〈미국 NYSE 증권거래소〉

미국 주식 시장은 미국에서 주식 거래가 진행되는 장소와 체계다. 여러 기업들의 주식을 발행하고 투자자들에게 거래 기회를 제공하는 자본 시장의 핵심이다. 미국 주식 시장은 세계에서 최대 거래량을 지닌 주식 시장이며, 다양한 상장구조와 금융상품 취급으로 투자자들이 어떤 방식으로든 수익을 낼 수 있는 상품을 제공한다.

미국 주식 시장의 역할을 정리하면 다음과 같다.

• 기업들이 자금을 조달하는 주요 수단이다. 기업은 주식을 발행해 투자자로부터 자본을 조달하고, 이를 사업 확장, 인수합병, 연구 개

발 등의 목적으로 사용이 가능하다. 주식 발행은 기업의 성장과 발전을 지원하며, 새로운 사업 기회를 모색하는 기업에 자금을 제공한다.

• 투자자들에게 다양한 기업에 대한 투자 기회를 제공한다. 투자자는 주식 매매로 기업의 성장과 이익을 공유할 수 있으며, 투자 목표와 성향에 맞는 기업을 선택해 포트폴리오를 구성하고, 시장의 변동성을 이용해 수익을 추구할 수 있다.

• 높은 유동성과 거래 효율성을 가지고 있다. 여러 기업의 주식이 상장되어 있고, 높은 거래량으로 주식 거래가 비교적 빠르게 이루어진다. 이는 투자자들이 원하는 시점에 주식을 쉽게 매매하도록 하며, 시장의 유동성을 높인다. 높은 유동성은 투자자들이 주식을 구입하거나 처분할 때 비용과 시간을 절약할 수 있도록 하며, 부동산이나 장외주식처럼 유동화가 어려운 자산들에 비해 자산을 효율적으로 굴릴 수 있다.

• 각국의 금융상품보다 다양한 구조의 투자 상품이 존재한다. 인버스처럼 시장이 하락하면 수익 나는 구조부터 옵션을 결합한 손실 리스크를 최소화한 상품들까지 시장에서 올바른 시장 전망만 할 수 있다면 언제든 수익 낼 기회가 있다. 일부 국가들이 시장 경제가 하락할 때 투자 상품의 부재로 다수 투자자들이 맥없이 손실 나는 것과는 사뭇 다른 환경이다.

• 전 세계에서 가장 자본주의적인 시장환경을 제공하고 있다. 장기 투자의 대가 워런 버핏(Warren Buffett)조차 스스로 미 증시에 투자한 것이 장기적 성공의 비결이라고 언급한 바 있다. 이 주요 시장에 언제든 투자할 준비를 한다면, 앞으로 도래할 다양한 수익 기회를 몰라서 놓치는 일은 없을 것이다.

미국 주식 시장의 발전과 주요 거래소 현황

미국 주식 시장은 오랜 역사와 발전을 거쳐 현재의 규모와 중요성을 갖추게 되었다. 그 역사는 미국의 경제 성장과 금융시스템의 발전과 밀접한 관련이 있다.

19세기 초반에는 뉴욕의 월 스트리트가 주식 거래의 중심지로 등장했다. 1792년에는 월 스트리트에 뉴욕증권거래소(NYSE)가 설립되었는데, 이는 미국 최초의 주식 거래소로서 현재도 전 세계에서 가장 중요한 거래소다. NYSE는 주로 전통적인 방식으로 거래되었고, 경매 방식을 통해 주식 거래가 이루어졌다. 이러한 시장 구조는 투자자들에게 신뢰와 투명성을 제공했으며, 미국 주식 시장의 발전에 기여했다.

20세기에 들어서면서 미국 주식 시장은 혁신과 변화를 겪었다. 1971년에는 NASDAQ(NASDAQ)이 설립되었는데, 이는 전자적인 거래 시스템을 도입한 주식 거래소로서 기술 기업들의 상장을 중심으로 했다. NASDAQ은 전자 거래 방식을 도입함으로써 빠른 거래 속도와 높은 유동성을 제공하며, 기술 기업들의 성장과 함께 미국 주식 시장의 중요한 구성 요소로 자리매김했다.

미국 금융시스템의 발전은 주식 시장의 확대와 함께 이루어졌다.

1934년에는 미국 증권거래위원회(SEC)가 설립되어 주식 시장의 규제와 투자자 보호를 강화했다. 기관들은 이 때문에 피곤한 과정들이 늘어났지만, 한편으로는 신뢰 있는 이미지를 통해 투자자들은 믿을 만한 시장 환경과 규칙을 바탕으로 주식 투자를 할 수 있게 되었다.

미국 주식 시장은 지속적인 혁신과 발전을 거쳐 현재의 모습을 갖추게 되었다. 전자 거래 시스템의 발달로 주식 거래가 실시간으로 이루어지고, 다양한 파생상품과 ETF 등의 상장 제품들이 등장했다. 또한, 글로벌 경제의 발전과 함께 외국인 투자자들의 관심도 증가하면서 미국 주식 시장은 국제적인 중요성을 더욱 확대하고 있다.

현재의 미국 주식 시장은 여러 개의 주요 거래소에서 거래가 이루어진다. 이러한 거래소들은 주식 거래를 원활하게 진행하기 위한 시장 인프라와 규칙을 제공하며, 투자자들과 기업들에게 안정적이고 투명한 거래 환경을 제공한다. 주요한 미국 주식 거래소로는 뉴욕증권거래소(NYSE), NASDAQ(NASDAQ), 시카고 상품거래소(CME) 등이 있다.

뉴욕증권거래소(NYSE)

뉴욕증권거래소는 1817년 설립된 미국의 가장 오래된 거래소로서, 전 세계에서 가장 큰 시가총액을 가진 기업들의 주식을 상장하고 있다. NYSE는 전통적인 방식으로 거래되며, 경매 방식을 통해 주식 거래가 이루어진다.

NASDAQ(NASDAQ)

NASDAQ은 미국에서 두 번째로 큰 주식 거래소로서, 주로 기술 기업들의 주식을 상장하고 있다. NASDAQ은 전자적인 거래 시스템을 사용해 거래가 이루어지며, 주로 전자 거래소로 알려져 있다. 빠른 거래 속도와 높은 유동성을 가지고 있어 투자자들에게 편리한 거래 환경을 제공한다.

시카고 상품거래소(CME)
시카고 상품거래소는 선물 및 옵션 거래를 중심으로 하는 거래소로서, 주식 이외의 다양한 상품 거래를 포함하고 있다. 시카고 상품거래소는 투자자들에게 다양한 위험 관리 도구를 제공하며, 선물 및 옵션 계약을 통해 가격 변동에 대한 보호와 수익 창출 기회를 제공한다.

미국 거래소들은 지분을 국가기관이 일부 소유하고 있지만, 거래소에 상장되어 있으며 사기업이라고 보는 것이 옳다. 따라서 거래소들은 유동적인 금융상품과 서비스를 제공하고 있으며, 이러한 거래소들 이외에도 장외 주식, ETF 등 여러 상품에 최적화된 다른 거래소들도 있다. 투자자들이 설계한 전략에 맞추어 원하는 거래소의 상품들을 다양하게 거래할 수 있는 환경이 만들어져 있다.

미국 주식 시장의 역사와 발전은 미국 경제와 금융시스템의 성장과 함께 이루어진 것으로 볼 수 있다. 거래소의 설립과 혁신적인 거래 시스템의 도입, 규제의 강화 등에 의해 이루어졌으며, 현재도 계속해서 발전하고 변화하고 있다.

미국 주식 시장의 규모와 영향력

미국 주식 시장은 전 세계에서 가장 크고 영향력 있는 주식 시장이며, 유럽이나 중국 주식 시장에 비해서도 압도적인 규모를 자랑하고 있다. 그 규모와 영향력은 경제적, 금융적인 측면에서 매우 중요한 역할을 하고 있으며 단순히 미국의 자본만이 아니라 전 세계 자본들이 쌓이는 곳이라고 볼 수 있다. 다음의 몇 가지 주요한 수치를 살펴보자.

미국 주식과 ETF 시가총액

2022년 기준 미국 주식 시장의 총 시가총액은 약 43조 달러에 이른다. 이는 주식 시장의 모든 상장 기업의 시가총액을 합산한 값으로, 2위인 중국(홍콩 포함) 18조 달러, 3위인 유럽의 6.41조 달러와 큰 차이를 보인다. 미국 증시는 세계 주식 시장에서 현시점 기준 가장 압도적인 규모를 자랑하고 있음을 보여준다.

거래량

미국 주식 시장은 거래량 면에서도 세계에서 가장 활발한 시장이다. 평균 일일 거래량은 수백억 달러에 이르며, 이는 투자자들이 주식을 매수하고 매도하는 활발한 거래 활동을 보여준다.

상장 기업 수

미국 주식 시장에는 다양한 규모와 산업에서 활동하는 상장 기업들이 포함되어 있다. 현재 약 4,000개 이상의 기업이 미국 주식 시장에 상장되어 있으며, 투자자들은 이들 중에서 자신의 투자 목표와 성향에 맞는 기업들을 선택할 수 있다.

국제 영향력

미국 주식 시장의 성과와 동향은 경제 성장, 산업 동향, 금리 변동 등의 예측에 활용되며, 글로벌 경제와 금융시스템에 핵심 지표의 역할을 한다. 각국의 글로벌 투자자들은 미 증시의 등락 현황을 일일 매매에 반영할 만큼 큰 중요도를 지닌다.

이러한 수치는 지속해서 변동하며 시장 상황에 따라 변화할 수 있으나 미국 주식 시장의 규모와 영향력은 여전히 세계적으로 매우 크다는 점은 변함이 없다.

미국 주식 시장의 트렌드와 변화

미국 주식 시장은 스마트폰, 앱, AI, 우주산업 등 미국 시장의 글로벌 기술 트렌드 리딩을 최근까지 이어가고 있다. 이런 미국 중심의 기술혁신은 미국의 글로벌 대학 순위 기반의 기술교육 수준을 타 국가에서 앞지르기 전까지는 지속될 수밖에 없을 것으로 보인다.

다만, 최근에는 기술의 혁신에 따른 트렌드 변화뿐만 아니라 ESG 등 글로벌 과제에 대한 투자, ETF 등의 패시브 시장에 대한 선호 증가, 개인의 판단이 아닌 퀀트 기반의 투자 비중 증가 등 다양한 변화가 이루어지고 있기 때문에 이러한 거시적인 변화에 대해서도 주목할 필요가 있다.

다음은 몇 가지 사례다.

기술 기업의 성장

미국 주식 시장은 특히 기술 기업들의 성장에 큰 영향을 받고 있다.

미국은 세계적 유명 기술 기업이 집중된 곳으로, 이들 기업의 성과와 성장 가능성은 투자자들에게 큰 매력을 끌고 있다. 특히 스마트폰, 소셜미디어, 인공지능 등의 기술 발전에 따라 이들 기업의 주가는 빠르게 상승하고 있다.

ex. 애플(Apple), 아마존(Amazon), 마이크로소프트(Microsoft), 페이스북(Facebook), 구글(Google) 등

ESG 투자의 부상

최근에는 환경, 사회, 지배 구조(ESG)에 관한 관심이 크게 증가하면서, 이러한 요소들을 고려한 투자인 ESG 투자가 주목받고 있다. ESG 투자는 기업의 지속가능성과 사회적 책임을 평가해 투자하는 방식으로, 이러한 투자 접근 방식이 미국 주식 시장에서도 더욱 중요시되고 있다.

ex 기후변화 대응 기업, 사회적 책임을 갖춘 기업 등

시스템, AI 트레이딩

최근에는 인공지능과 알고리즘을 활용한 자동화된 투자비중이 미국 주식 시장에서 더욱 늘어나고 있다. 이러한 시스템은 대량의 데이터를 분석해 투자 결정을 내리며, 빠르고 정확한 투자를 가능하게 한다. 또한 정성화된 투자 레코드를 기반으로 투자자에게 포트폴리오를 제시하기 때문에 기존 액티브 투자보다 예측 가능한 투자가 가능하게 한다.

ex. 로보어드바이저(Robo-advisors) 서비스, 퀀트 트레이딩

SPACs의 급증

SPACs(특수목적인수회사)는 기업이 IPO를 통해 상장하기 전에 특수목적회사를 통해 자금을 조달하고, 이후 기업을 인수해 상장하는 방식이다. 스펙 주의 경우 가격이 스펙 합병 전까지는 사실상 동결되어 있고 스펙 합병 시 급등하는 성향을 가지고 있다. 손실 가능성이 낮은 수익으로 생각되지만, 기업 스펙 합병 이슈에 대해서 파악할 수 없는 개인 투자자 입장에서는 동일 기간 투자 수익 기회비용을 날리는 투자 방식이 될 수 있다는 단점이 있다.

ex. 테슬라(Tesla)의 SPAC를 통한 상장

온라인 거래의 증가

인터넷과 모바일 기술의 발전으로 인해 온라인 주식 거래가 더욱 증가하고 있다. 온라인 거래 플랫폼과 앱을 통해 개인 투자자들이 쉽게 주식을 매매하고 포트폴리오를 관리할 수 있게 되어 직접 투자를 선호 투자자들이 증가하고 있다. 다만, 기관 투자자 수준의 투자 이해도를 갖추기 전까지는 손실 리스크가 높을 수밖에 없으며 문제는 본인의 리스크가 얼마나 큰지 자체를 인지하지 못하는 경우도 많다.

ex. 로빈후드(Robinhood), E*TRADE, TD Ameritrade 등의 온라인 거래 플랫폼

미국 주식 시장은 계속해서 변화하고 새로운 트렌드가 등장할 수 있으며, 투자자들은 이러한 변화 속에 기회와 리스크가 상존한다는 점에 유의하고 적응해서 투자 전략을 조정해야 한다.

2. 미국 주식 분류

주식 규모와 성향에 따른 분류

미국 주식 시장은 규모적 특징부터 상장 방식, 업종, 주식의 성격 등 다양한 종류의 주식으로 구성되어 있으며 구분할 수 있다. 다음은 미국 주식 시장에서 흔히 거래되는 주요 주식 종류에 대한 설명이다.

대형주 (Large-cap stocks)

대형기업으로 분류되는 주식으로, 시가총액이 큰 기업의 주식을 말한다. 대형주는 안정성과 신뢰성이 높으며, 주로 주식 시장의 선도주로 알려져 있다. 대형주를 이루는 기업들은 기본적으로 매출 규모와 다변화된 수익 모델을 보유하고 있어 기업의 장기 존속 가능성이 크다. 따라서, 주식 포트폴리오의 안정성을 높이는 데 도움을 줄 수 있다.

ex. 애플(Apple), 아마존(Amazon), 마이크로소프트(Microsoft) 등

중형주 (Mid-cap stocks)

중간 규모의 기업으로 분류되는 주식으로, 시가총액이 대형주보다 작지만, 여전히 상당한 규모를 갖는 기업이다. 중형주는 대형주의 안정성과 성장성을 조합한 투자 가능성을 제공할 수 있다. 투자 시장에서 유념할 점은 주가 성장의 기초가치는 언제나 기업이라는 점이다. 대기업의 경우, 시장의 한계치에 도달해서 추가적인 매출 성장 속도에 한계가 있으나 중형주의 경우, 전체 시장 규모까지 고속 성장이 가능하다. 때문에, 대형주 대비 탄력적 매출 성장을 통해 기업가치 성장 또한 빠르게 이루어진다는 투자 매력이 있다.

ex. Ambarella(AMBA), Clover Health Investments(CLOV), Stitch Fix (SFIX) 등

소형주 (Small-cap stocks)

소규모 기업으로 분류되는 주식으로, 시가총액이 작은 기업을 의미한다. 소형주는 성장 가능성이 크며 주식 시장의 동향에 민감하게 반응할 수 있다. 그러나 수익 상품이 다변화되지 않아 매출 등락 폭이 커 기업가치 하락의 높은 변동성과 리스크가 상존한다.

ex. 플러그 파워(Plug Power) 등

한편 미국 주식은 기업의 재무적 성향에 따라서도 분류할 수 있다. 경제학의 발전에 따라 기업의 재무적 성향에 따른 분류 기준은 여러 방식으로 정립되고 있으나 보편화된 기준은 다음과 같다.

성장주 (Growth stocks)

빠른 성장이 예상되는 기업의 주식으로, 매출과 이익이 지속해서 증가하는 기업을 말한다. 사실 현대 사회에서 대부분의 부자들은 이러한 성장주

의 오너였기 때문에 최고의 부자 반열에 오를 수 있었다. 성장주는 투자자들에게 높은 수익을 제공할 수 있지만, 대부분 개인 투자자의 귀에 들어갈 때면 이미 재무적 가치대비 높은 가격으로 타이밍 리스크를 동반할 수 있다.

ex. 테슬라(Tesla), 애플(Apple), 아마존(Amazon) 등

가치주 (Value stocks)

많은 사람들이 가치주에 대해서 오해하는 경우가 많은데 가치주는 주가가 재무적 가치보다 낮게 평가된 경우의 기업에 한정된다. 즉, 실제 순자산보다 기업의 실제 가치가 주식 시장에서 과소평가되어 있는 주식을 말한다. 반대로 말하자면 한때 가치주였더라도 주가가 상승해 재무적 가치를 상회하면 더 이상 가치주가 아니다.

ex. 조지아파시픽(Georgia-Pacific), IBM, 존슨앤드존슨(Johnson & Johnson) 등

가치주에 투자하기 위해서 또 한 가지 중요한 점은 재무적 가치가 미래 시점에서도 훼손되지 않아야 한다. 그 때문에 일반적으로 가치주 투자는 장기적으로 안정적이고 경제적으로 성숙한 기업에 투자가 전제되어야 한다. 이를 통해, 미래의 재무적 가치 변화를 최소화해 수익실현 시점까지 손실 가능성을 통제해야 한다.

미국 주식 시장은 위에 언급된 주식 종류 외에도 다양한 분류 기준이 있으며 심지어 애널리스트별로 상이한 구분기준이 존재한다. 다만, 스스로의 투자 플랜에 적합한 기준과 더욱 보편화된 상품분류 기준을 이용해야 예측과 가장 유사한 수익성과를 거둘 수 있다.

미국 주식 섹터의 분류 기준

미국 주식 시장에서는 주식을 다양한 섹터로 분류한다. 이러한 섹터 분류는 기업의 주요 사업 영역이나 산업 종류에 따라 이루어지며, 특정 산업군이나 섹터에 집중해 투자 결정을 내릴 수 있다. 주식 섹터는 세계적으로 GICS (Global Industry Classification Standard) 분류체계를 따르며, GICS는 대그룹부터 소그룹까지 4단계의 LEVEL로 구분되어 있다. 미국 주식에서는 섹터 구분 시 GICS의 LEVEL2 기준으로 다음과 같은 주요 섹터로 많이 분류한다.

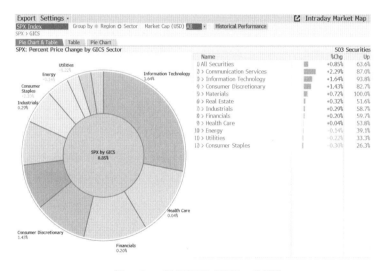

〈Bloomberg, S&P500 지수 GICS Level2 화면〉

정보 기술 섹터 (Information Technology Sector)

이 섹터에는 소프트웨어, 하드웨어, 반도체, 컴퓨터 등 정보 기술과 관련된 기업들이 포함된다. 기술의 발전과 디지털화에 대한 투자에 관심이 많은 투자자들 사이에서 인기가 있다. (대표 기업 :

Elevance Health Inc(ELV), Super Micro Computer Inc(SMCI))

금융 섹터 (Financial Sector)

금융기관, 은행, 보험회사, 부동산 투자회사 등 금융 서비스와 관련된 기업들이 이 섹터에 속한다. 시장 금리, 통화정책 변화 등에 영향을 상당히 받으며 금융 시장의 안정성과 이익에 관심이 있는 투자자들에게 인기가 있다. (대표 기업: UBS Group AG(UBS), KKR & Co. Inc(KKR), JPMorgan Chase & Co.(JPM))

임의 소비재 섹터 (Consumer Discretionary Sector)

이 섹터에는 소비재 제조업체, 소매업체, 미디어 및 엔터테인먼트 기업 등이 포함된다. 소비자 지출에 직결되는 기업들이며, 소비자의 소비 패턴과 경제 상황에 영향을 받을 수 있다. (대표 기업: Amazon.com Inc.(AMZN), Tesla Inc.(TSLA), LVMH Moet Hennessy Louis Vuitton SE(LVMHF))

건강 관리 섹터 (Healthcare Sector)

의료 기기, 제약사, 생명 과학 회사 등 건강 관리와 관련된 기업들이 이 섹터에 속한다. 인구 고령화와 함께 건강 관리에 대한 관심이 증가하면서 이 섹터에 대한 투자도 증가하고 있다. (대표 기업: Elevance Health Inc(ELV), HCA Healthcare Inc(HCA), IQVIA Holdings Inc(IQV))

소재 섹터 (Materials Sector)

이 섹터에는 철강, 광물, 화학물질 등의 소재 관련 기업들이 포함된다. 산업 생산과 건설에 관련된 기업들이 속하며, 경기 상황에 영향을 받을 수 있다. (대표 기업: BHP Group Ltd(BHP), Linde PLC(LIN), Rio Tinto PLC(RIO), Air Liquide SA(AIQUY))

에너지 섹터 (Energy Sector)

석유 및 가스 생산 및 공급 기업들이 이 섹터에 속한다. 에너지 수요와 공급, 원유 가격 등의 요인에 따라 이 섹터의 기업들은 영향을 받을 수 있다. (대표 기업: Phillips 66(PSX), Imperial Oil Ltd. (IMO), Diamondback Energy Inc(FANG), Exxon Mobil Corp. (XOM))

유틸리티 섹터 (Utilities Sector)

전기, 가스, 수도 등의 공공 서비스 기업들이 이 섹터에 속한다. 안정적인 배당 수익을 추구하는 투자자들에게 인기가 있다. (대표 기업: Vistra Corp(VST), Targa Resources Corp(TRGP), PG&E Corp.(PCG), Edison International(EIX))

필수 소비재 섹터 (Consumer Staples Sector)

이 섹터에는 식품 생산업체, 음료 제조업체, 섬유 및 개인용품 제조업체 등이 포함된다. 기본적인 생필품에 대한 수요와 안정성을 추구하는 투자자들에게 인기가 있다. (대표 기업: Walmart Inc (WMT), Procter & Gamble Co (PG), Nestle SA (NSRGY))

경제 지표의 발표나 시장의 특정 이슈 상황에 따라 섹터별 이해관계는 크게 갈린다. 대표적으로는, 유가의 급등을 예로 들 수 있다. 유가 급등 시 에너지 섹터는 매출 및 이익 증가로 상승세를 보이나 그 외의 대부분 기업들은 원자재 및 생산단가 상승으로 인한 주가 하락을 겪는다.

이러한 섹터 분류는 투자자들이 특정 섹터에 집중적으로 투자하거나 포트폴리오를 다변화하는 데 도움을 준다. 각 섹터는 서로 다른 경기 변동성과 특성을 가지므로, 투자자는 종합적인 포트폴리오 구성을 위해 이러한 섹터 분류를 고려할 수 있다.

상장 방식에 따른 분류 : 상장회사, OTC, ADR 등

법인의 경우 상장된 기업들 외에도 다양한 비상장 기업들이 존재하고 이러한 기업들은 전 세계적으로 수없이 존재하고 있다. 미국의 투자자들은 이러한 비상장 기업이나 해외기업들에서도 투자의 기회를 포착하려고 한다. 때문에, 미국 증시에는 다양한 방식으로 장외 주식이나 해외기업들이 거래되고 있다. 아래는 그 일부의 사례를 소개한다.

상장회사(Public Company)

상장회사는 미국 증권거래소나 전자거래소에 상장되어 공개적으로 주식을 발행하고 거래한다. 이는 일반 투자자들에게 기업 주식을 제공하고, 기업에 자본을 조달하며, 주주들에게 주식 보유의 혜택과 주주권을 부여하는 방식이다.

공개제한회사(Restricted Stock)

일부 기업은 공개적인 주식 거래를 제한하고, 주식을 특정한 그룹이나 인물에게 제한적으로 발행하는 경우가 있다. 이러한 제한된 주식은 상장되지 않으며, 주주들은 거래의 유연성이 제한된다.

외국기업지분증서(American Depositary Receipts, ADRs)

외국 기업들이 미국 주식 시장에 진입하기 위해 사용되는 방식이다. ADR은 미국의 예탁증서를 통해 외국 기업의 주식을 나타내며, 미국 투자자들에게 외국 기업에 대한 투자 기회를 제공한다.

장외종목(Over-the-Counter, OTC)

주식 시장 외에서 거래되는 주식을 말한다. 일반적으로 뉴욕 증권거래소(NYSE)나 NASDAQ(NASDAQ)과 같은 주요 거래소에 상장되지 않은 기업이나 작은 기업들이 OTC 시장에서 주식을 거래한다. OTC 시장은 거래소와는 달리 중앙 집중화된 거래 시스템이 없으며, 개별 거래자들과 딜러들이 거래를 진행한다.

OTC 시장에서 거래되는 주요한 종류의 주식은 다음과 같다.

OTCQB

OTCQB는 미국 주식 시장에서 중간 규모의 기업들이 주로 상장되는 시장이다. OTCQB는 보다 엄격한 상장 기준을 요구하며, 공시 및 정보 공개에 대한 요구사항이 높다. 주식 거래는 딜러들과 개별 투자자들 간의 전자적인 거래 시스템을 통해 이루어진다.

OTCQX

OTCQX는 OTC 시장에서 가장 상위에 위치한 시장으로, 높은 상장 기준과 정보 공개 요구사항을 가지고 있다. OTCQX에 상장된 기업들은 주식 시장에서 높은 가시성과 신뢰성을 가지며, 미국 외국인 투자자들에게도 인지도가 높다.

Pink Sheets

Pink Sheets는 OTC 시장에서 상장된 기업 중 가장 낮은 상장 기준을 요구하는 시장이다. 주로 작은 기업들이 상장되며, 정보 공개 요구사항이 비교적 낮다. 따라서 Pink Sheets에 상장된 기업에 대한 정보 수집과 평가는 주의가 필요하다.

OTC 시장은 상장 기준이 낮고 거래량이 작은 기업에 기회를 제공하며 실제 기업가치와 상당히 차이 나는 가격에 거래되기도 한다. 그러나 투자자 입장에서 보면 OTC 시장에서 거래되는 주식은 높은 리스크와 정보 부족성을 가지고 있다. 따라서, 평가의 기준이 불명확하기 때문에 정보 비대칭 상승으로 위험성도 그만큼 확대된다. 또한, 매수 이후에 매도가 안 되는 유동화의 문제가 존재하기 때문에 발생하는 리스크를 고려한 신중한 투자가 필요하다.

Strategy

주가지수 상승보다 수익이 낮은 투자자는 지수를 추종하는 것이 낫다.

시장을 초월하고자 한다면 합리적인 알파논리를 파악하는데 주력해야 한다.

Chapter 2
미국 주식 투자 전략

1. 투자 전략 개요

미국 주식 투자 전략의 정의

미국 주식 투자 전략은 미국 주식 시장에서 자신의 목표에 맞춰 주식을 선택하고 관리하는 방법과 절차를 말한다. 자본을 최적으로 운용해 수익을 극대화하고 동시에 위험을 효과적으로 관리하는 것을 목표로 한다.

일부 초보 투자자들은 투자 전략의 필요성 자체에 대해서 인지하지 못하는 경우가 많다. 하지만 생각해보자, 우리가 투자하는 방법 중에는 높은 위험성을 가지면서도 심지어 수익은 높지 않은 투자법이 있다. 그렇다면 반대로 말해서 상대적으로 위험성을 낮추면서도 수익은 극대화하는 방법들이 존재한다. 물론, 수학적으로 이렇게 만들 수 있는 최적의 포트폴리오를 구성하는 한계 극점은 존재한다.

그 때문에 현대 사회의 퀀트와 금융공학 모델들은 단순한 알고리즘이나 수익 기회 포착보다는 포트폴리오 투자 전략에서 리스크와 기대수익밸런스의 최적 상품과 최적점을 찾는 방향에 전략을 맞추고 있다.

다만, 꼭 이런 공학적인 접근이 아니더라도 일반 투자자들 입장에서도 시장 대비 알파 수익을 추구할 수 있는 논리 바탕의 투자 전략들이 존재하며, 이에 대한 접근이 필요하다.

미국 주식 투자 전략의 분류

미국 주식 투자 전략은 다양한 방식으로 분류될 수 있다. 다음은 일반적으로 미국 주식 투자 전략의 분류와 간단한 설명이다.

가치 투자 전략

가치 투자 전략은 투자자들에게 가장 잘 알려진 전략이다. 기본적 투자 논리를 바탕으로 주가지수 구성 종목 중에서 장기적 손실 가능성을 최소화할 수 있는 전략으로 볼 수 있다.

가치 투자 전략은 기업의 내재적인 가치를 평가하고 저평가된 주식을 찾아 투자하는 전략이다. 즉, 1조 순자산 기업의 시가총액이 5,000억 원인 경우, 매수하는 논리이다. 이는 기업의 재무제표, 주가-순자산 비율(PBR), 주가-순이익비율(PER) 등을 분석해 주식의 실제 가치를 확인하고, 저평가된 주식을 매수해 장기적인 성과를 추구한다.

기본적으로 현재의 실질 자산가치보다 낮은 가격에 매입하면서도 유동성을 보장받는 투자 방식이기 때문에 장기적으로 손실 가능성은 기업 경영의 악화 가능성 정도에 한정된다. 때문에, 우리가 잘 아는 가치 투자자의 대부 워런 버핏은 재무적 평가가 끝난 시점에서 굳이 기업 경영에 대해 추가적인 검토 절차를 거치는 것이다.

성장 투자 전략

성장투자 전략은 기업의 성장 잠재력을 고려해 주식을 선택하는 전략이다. 주가의 상승 가능성이 큰 성장기업이나 성장 산업에 투자해 장기적으로 수익을 추구한다. 이는 기업의 매출 성장률, 이익 성장률, 주가 상승률 등을 분석해 성장 가능성이 큰 주식을 선별하는 것을 중점으로 한다.

사실 많은 일반 투자자들이 최근에는 성장투자 전략에 대해서 관심을 가지고 있다. 다만, 명확히 인지할 사실은 성장주는 가치주와 전혀 다르다는 사실이다. 일반투자자 상당수가 성장주와 가치주가 같다고 잘못 알고 있는 경우가 많다. 두 분류군은 오히려 정확히 말하면 정반대인 경우가 더 많다.

왜냐하면 이미 시장에서 성장주로 불리고 있는 경우에는 본래의 재무적 가치 대비해서 성장 가능성의 알파를 더해 고평가된 경우가 많다. 때문에, 재무적으로만 평가되는 적정가치보다 고평가되는 경우가 많다.

그 때문에 성장주를 투자에서 가장 중요한 점은 현재 시장이 평가하고 있는 수준보다 기업이 장기적으로 더 성장할 수 있을지를 논리적으로 판단해야 한다. 이에 관한 판단에 착오가 있을 경우, 기업의 주가가 재무적 적정가치 수준까지 오히려 회귀할 수 있는 손실 리스크가 존재한다.

배당 투자 전략

배당 투자 전략은 주식의 배당금을 중심으로 투자하는 전략이다. 배당금을 지속적으로 지급하는 안정적인 배당주를 선호하며, 장기적인 증가를 추구한다. 이는 기업의 배당 이력, 배당 성장률, 배당 수익률 등을 분석해 안정적인 수입과 성장 가능성을 고려해 주식을 선택한다.

사실 배당금액은 기업의 자산 일부를 투자자에게 지급하는 행위이기 때문에 기업 가치 입장에서 볼 때 배당의 행위 자체는 기업의 주가에 좋은 것은 아니다. 다만, 투자자 입장에서 미래의 불확실한 투자 수익의 일부를 확정된 수익으로 전환할 수 있다. 그 때문에 수익적인 면에서 상대적으로 안정적인 수익률을 추구하는 포트폴리오를 구성할 수 있다.

퀄리티 투자 전략

퀄리티 투자 전략은 기업의 품질과 안정성을 고려해서 주식을 선택하는 전략이다. 이는 기업의 재무 건전성, 경영 효율성, 산업 리더십 등을 분석해 투자하는 것을 목표로 한다.

최근의 여러 자산운용사는 자체적인 선별 기준을 이용한 퀄리티 평가모델을 통해 인덱스 내 가중치를 조정한 종목 색출로 포트폴리오를 구성하고 있다. 퀄리티 평가는 획일화된 방식이 있는 것은 아니지만 기본적으로 재무, 성장성 등을 평가한 수익성과 수급, 주가 현황 등 리스크 요인에 대한 평가를 진행한다. 본 평가를 통해 안정적인 기업과 성장 잠재력을 겸비한 기업을 선호한다.

퀄리티 투자는 기본적으로 인덱스 군 내에서 더욱 우수한 기업을 선출해 인덱스의 수익률을 초과하려는 논리에 기반한 건전한 방향성의 투자 방식이다. 그 때문에 인덱스를 초과하는 포트폴리오 구성에 있어서 미국의 여러 기관들이 퀄리티에 기반한 ETF 상품들을 출시하고 있다.

인덱스 투자 전략

인덱스 투자 전략은 대표적인 주가지수에 연동되는 ETF나 인덱스 펀드를 활용해 투자하는 전략이다. 이는 시장 전반의 움직임을 따라가기 위해 특정 지수의 구성 종목을 그대로 추종해 투자하는 것이다. 즉, 주식 선택의 주관성을 제거하고 시장의 평균 수익률에 따라 투자 수익을 추구한다.

정확히 파악하기 어려운 개별기업의 이슈들을 상관할 필요가 없기 때문에 장기 투자자 입장에서 시장과 이슈에 동요하지 않는다. 또한, 오랜 시간 포지션을 홀딩 할 수 있다는 장점이 있으며 현 투자 시장에서 가장 주요한 움직임으로 볼 수 있다.

각각의 투자 전략은 안정성과 수익률 등의 면에 있어서 장단점을 보유하고 있으며 시장 상황에 따라 실질적인 수익률 결과는 상이할 수밖에 없다. 다만, 개별기업의 이슈와 상황에 대한 통제가 기관조차도 어렵기 때문에 시장의 운용 트랜드는 해당 리스크를 헤지하는 방향으로 가고 있다. 본인이 통제하기 어려운 리스크가 무엇인지를 먼저 인지하고 전략을 선택한다면 더욱 안정적이면서도 올바른 투자를 진행할 수 있을 것이다.

2. 펀더멘털 분석: 기업 재무제표 분석, 경제 지표 분석, 업종 분석

펀더멘털 자료 확인 방법

올바른 기업과 시장 투자를 위해서는 우선적으로 기업정보 수집 방법을 파악할 필요가 있다. 미국 투자 정보에 접근하는 방법은 다양하다. 구글과 같은 검색 포털을 통해 노출된 정보와 블룸버그 터미널을 비롯한 기관 투자자 전용 플랫폼을 통해서 유통되는 정보들이 있다. 보통 자산의 근거 데이터로 볼 수 있는 재무제표 혹은 어닝 콜 같은 경우에는 모두가 접근 가능하다. 한편, 데이터에 기반한 기관별 인사이트가 담긴 2차 정보는 블룸버그 등 전문 플랫폼을 통해서 접근 가능하다.

개인 투자자 입장에서 금융기관들의 인사이트를 보기 어려운 것은 분명하지만 주요 로우 데이터에 대해서는 열려 있다. 다음에는 주요한 정보를 얻을 수 있는 몇 가지 방법이다.

기업의 공식 웹사이트

대부분의 미국 기업은 자체적인 공식 웹사이트를 운영하고 있다. 해당 웹사이트에서는 기업의 경영 정보, 재무제표, 보고서 등을 확인할 수 있다. 또한, 투자자용 섹션에서는 주주 관련 공시, 주주총회 자료, 경영진 인터뷰 등의 정보를 얻을 수 있다. 상장기업의 경우에는 해당 정보들을 공개하도록 되어 있기 때문에 노력을 기울인다면 누구나 접근할 수 있다.

*참고 : 애플 기업공시(https://investor.apple.com/), 테슬라 기업공시 (https://ir.tesla.com/)

SEC(미국증권거래위원회)의 EDGAR 시스템

SEC의 EDGAR(전자 데이터 수집, 분석 및 검색) 시스템은 미국 기업들이 제출한 공시문서를 확인할 수 있는 온라인 데이터베이스이다. 이를 통해 기업의 10-K 보고서, 10-Q 보고서, 8-K 보고서 등을 검색해 재무 정보나 경영 정보를 확인할 수 있다. EDGAR 시스템은 무료로 이용할 수 있다.

*참고 : SEC EDGAR(https://www.sec.gov/edgar/search/)

금융 정보 제공 웹사이트 : 주식 투자에 관련된 다양한 정보를 제공하는 웹사이트들이 있다. Bloomberg, Yahoo Finance, Google Finance, CNBC 등은 미국 기업에 대한 주가 정보, 재무 정보, 뉴스, 분석 리포트 등을 제공한다. 이러한 웹사이트를 통해 기업의 주가 추이, 재무 비율, 주요 뉴스 등을 확인할 수 있다.

*참고 : Bloomberg(https://www.bloomberg.com/), Yahoo Finance (https://finance.yahoo.com/)

투자 은행 및 증권사 리서치 보고서

주요 투자 은행이나 증권사들은 기업에 대한 리서치 보고서를 작성해 제공한다. 이러한 보고서는 기업의 경영 전략, 성장 전망, 재무 분석 등을 포함하고 있으며, 상세한 정보와 전문적인 분석을 제공한다. 이러한 리서치 보고서는 종종 유료로 제공되지만, 투자 은행이나 증권사에 계좌를 개설하거나 온라인 투자 플랫폼을 이용하면 해당 기업에 한정해서 접근할 수 있다. 기업들의 리서치팀의 존재 이유가 최우선적으로는 기관 투자자, 차선적으로는 개인 투자자들에게 인사이트를 제공하기 위함이기 때문이다.

* 참고: JPMorgan research report (https://www.jpmorgan.com/insights/research/reports), Morgan Stanley research report (https://www.morganstanley.com/what-we-do/research)

주주총회 및 컨퍼런스 콜

기업은 정기적으로 주주총회를 개최하며, 이는 종종 공개되어 기업의 경영진과 주주간의 소통의 장이 된다. 또한, 기업은 실적 발표나 중요 사안에 대해 컨퍼런스 콜을 진행하기도 한다. 개인 투자자들은 컨퍼런스 콜을 잘 모르지만, 대부분의 기관들은 이 컨퍼런스 콜에서 기업의 등락에 대한 단서를 중요시한다. 실제로 실적이 잘 나와도 미래재무가 부정적으로 전망될 경우 주가가 급락하는 경우도 많다. 관련 정보는 기업의 공식 웹사이트에서도 확인할 수 있으며 일부 플랫폼의 경우 거의 모든 컨퍼런스 콜에 대한 내용을 텍스트 형태로 제공하기에 편리하다.

* 참고 : 더머니풀(https://www.fool.com/)

이 외에도 미국 기업에 대한 정보를 제공하는 다양한 데이터베이스, 금융 미디어, 투자 커뮤니티 등이 있다. 다만, 같은 최고 수준의 금융기관에 있는 트레이더 혹은 애널리스트 일지라도 시장 전망이 상이하다. 유명한 야구선수라도 모든 공을 쳐낼 수 없듯 유명 애널리스트들도 상대적으로 높은 예측률을 지닐 뿐 예측이 엇나가는 경우도 많다. 따라서, 특정 1~2가지 자료를 무조건적인 신뢰를 하기보다 시장 참여자들의 여러 의견을 종합적으로 파악해서 더욱 높은 승률의 결론에 도달하는 것이 현명하다.

거시적 분석: 미국 경제 지표 분석

미국 경제 지표 분석은 경제 상태와 향후 동향을 예측하기 위해 사용하는 방법이다. 이 지표들은 자체만으로도 투자하는 시장이나 기업 전망의 거시적 지표가 될 수 있지만, 지표에 근간한 중앙은행 혹은 정부 정책으로 환율 및 금리변동이 발생해 주가에 직간접적 영향을 미친다. 또한, 주요지표 발표 시점에서는 주요지수와 일부 업종들이 동시에 급변동을 보인다. 때문에, 매크로적 움직임이 큰 미국증시에 투자할 투자자라면 반드시 이러한 지표들에 대해서 모니터링할 필요가 있다.

GDP (국내총생산)

GDP는 한 나라에서 생산된 총 재화와 서비스의 가치를 나타내는 지표로, 경제의 규모와 성장률을 측정하는 핵심 지표이다. 투자자는 GDP의 성장률을 확인해 경제가 성장하는지, 둔화하는지를 판단할 수 있다. 기본적으로 개발도상국 등 경제 성장 과정에 있는 국가들의 경우 높은 GDP 성장률을 보이며 이미 선진국 반열에 올라 있는 국가들의 경우, 상대적으로 낮은 GDP 성장률을 보이는 경우가 많다.

• 실업률 : 실업률은 경제에서 일자리를 찾지 못하고 있는 인구의 비율을 나타내는 지표이다. 낮은 실업률은 경제적 안정과 소비 증가를 나타내며, 투자자는 실업률을 살펴 경기 상황을 파악할 수 있다.

• 소비자물가지수(CPI) : CPI는 일반 소비자들이 구매하는 재화와 서비스의 가격 변동을 측정하는 지표다. 높은 CPI는 물가 상승을 나타내며, 투자자는 인플레이션의 영향을 평가하기 위해 CPI를 주시한다.

• 생산자물가지수(PPI) : PPI는 상품을 공급하는 생산자들이 구매하는 재화와 서비스의 가격 변동을 측정하는 지표다. 높은 PPI는 공급자 단위에서의 물가상승을 나타내며, 원자재 혹은 소재 등 공급자 입장에서 체감할 수 있는 물가의 상승을 의미한다. 이는 인플레이션의 영향을 평가할 수 있는 또 하나의 지표다.

• 금리 : 중앙은행이 시중 자금을 조절하기 위해 설정하는 금리인 기준금리는 경제 활동과 금융 시장에 가장 큰 영향을 미친다. 재화가 증가하는 비율이기도 하며 채권, 주식, 예금, 인플레이션 등 여러 금융상품과 경제 현상은 기본적으로 금리에 기반한 평가와 가치산정이 이루어진다. 때문에, 경제 현상에 가장 영향을 많이 끼칠 수밖에 없는 지표라고 할 수 있다. 투자자는 기준금리 변화를 예측해 통화 정책의 방향성을 파악하고, 금리 변화에 따라 투자 전략을 조정할 수 있다. 여러 가지 지표 중에서 자본주의 움직임의 근간이 되는 가장 지표로 모든 여타 지표 중에서 가장 중요도가 높은 근본적인 지표임을 기억해두자.

• 주가지수: 미국의 대표적인 주가지수인 다우존스 지수, S&P500지수, NASDAQ 지수 등은 미국 주식 시장의 전반적인 흐름을 보여주는 지표이다. 주가지수는 경제와 주식 시장의 건강 상태를 파악하는 데 도움을 준다. 또한, 시장의 자금 유출입 그 자체이기 때문에 투자 시장의 반응과

자금이동을 볼 수 있는 가장 직접적 지표다.

• 소비자 신뢰지수 : 소비자 신뢰지수는 소비자들의 경기에 대한 신뢰도를 나타내는 지표이다. 소비자들의 소비 의사 결정과 소비 패턴을 파악하는 데 도움을 주며, 경기 전망을 예측하는 데 활용된다.

이제 위의 경제 지표들이 주는 인과관계에 대한 분석을 진행해보자. 동일한 정책이라도 시장 현황과 기간에 따라 경제 현상의 결과가 달라지기에 가능한 통상적인 경우에 대한 해석을 다루겠다.

〈금리의 인과관계〉

금리 인상 시 채권금리는 동반 상승 채권가격은 하락

금리 인상 시 통화가치 상승

금리 인상 시 통화가치 상승과 안전자산 선호도 상승에 따른 주가 하락

금리 인상 시 기업 및 국가의 이자 지출 상승으로 재무적 안정성은 하락

〈양적 완화 QE, 양적 완화 축소 QT〉

양적 완화 시 통화량 증가로 통화가치 하락, 물가 및 자산가치 상승

양적 완화 시 기업 및 국채 매입으로 기업과 국가의 유동현금 증가

〈시장 호조 지표〉

경제 지표 호조 시 기초 체력 증가로 해당 국가 투자 신뢰도 증가, 다만 주가 등락과 직접적이지는 않음

경제 지표 호조 시 법인과 개인의 소득 증가로 물가 상승

경제 지표 호조 시 물가 상승 통제를 위해 중앙은행의 긴축정책 시행 가

능성 상승 (금리 인상, 양적 완화 축소(QT) 등)

〈환율과의 인과관계〉

환율 상승 시: 증시, 채권 동반 시장 환차익발 매도 증가

경제 지표는 투자 대상 국가의 현 경제 상황 분석과 미래 예측에 근본적인 역할을 한다. 이러한 지표들 외에도 각종 원자재에 대한 현황지표 등 다양한 지표들이 있으며 거래하는 상품군에 맞추어 주요지표 발표 전후에는 시장의 분석을 상시 모니터링하는 습관을 들일 필요가 있다.

중시적 분석: 섹터별 분석

미국 섹터 투자 전략은 특정 산업이나 섹터를 선택 집중해 투자하는 전략이다. 다양한 섹터가 있으며, 각각의 섹터는 고유한 특성과 성장 전망을 가지고 있다.

섹터 선택

미국 시장에서는 다양한 섹터가 존재한다. 주요 섹터로는 정보기술(IT), 금융, 건설, 소비재, 의료 등이 있다. 투자자는 섹터별로 성장 가능성, 안정성, 투자 테마 등을 고려해 투자 대상을 선정한다. 수치적인 부분에서는 섹터별 매출액, 순이익, 성장률, 시가총액 등의 지표를 비교할 수 있다.

매크로 경제 지표 분석

매크로 경제 지표는 특정 섹터의 성과와 연관이 깊다. 투자자들은 미국의 GDP 성장률, 실업률, 소비자 신뢰도 지수 등의 경제 지표를 분석해 투자에 영향을 미칠 수 있는 섹터를 파악한다. 예를 들어, 경기가 좋을 때는 소비재 섹터나 건설 섹터가 성장할 가능성이 커지는 경향이 있다.

업종 순환성 파악

섹터별로 순환성이 다를 수 있다. 일부 섹터는 경기에 따라 큰 변동을 보이며, 다른 섹터는 안정적으로 성장할 수 있다. 투자자는 섹터의 순환성을 파악해 적절한 타이밍에 투자를 조절할 수 있다. 수치적인 부분에서는 섹터별로 수익률, 변동성, 베타 등의 지표를 분석해 순환성을 평가할 수 있다.

투자 테마 파악

미국 시장에서는 특정 테마가 강조되는 경우가 있다. 예를 들어, 기후 변화에 대한 대응이 강조되면 재생 에너지 섹터나 환경 기업에 대한 투자가 증가할 수 있다. 투자자는 특정 테마와 관련된 섹터를 찾아내고, 해당 섹터의 기업들에 투자를 집중할 수 있다. 수치적인 부분에서는 해당 테마에 관련된 기업들의 재무제표, 시장 점유율, 성장률 등을 분석한다.

분산 투자

미국 섹터 투자 전략에서는 분산 투자가 중요한 요소이다. 특정 섹터에만 집중적으로 투자하는 것이 아니라, 여러 섹터에 포트폴리오를 분산해 리스크를 분산시키는 것이 좋다. 이를 통해 어떤 섹터에서의 부정적인 영향을 최소화하고, 다양한 섹터의 성과를 통해 수익을 극대화할 수 있다. 다만, 너무 분산된 투자의 경우에는 사실상 섹터 선택의 의미가 상쇄되어 인덱스 수익률과 유사해질 수 있다는 점을 유의하자.

미국 섹터 투자 전략은 투자자의 투자 목표와 성향에 따라 다양하게 구성될 수 있다. 위에서 제시한 내용은 일반적인 가이드라인이며, 자신의 상황과 목표에 맞는 섹터 투자 전략을 수립해야 한다. 수치적인 부분은 기업의 재무제표, 시가총액, 성장률 등의 지표를 활용해 분석하며, 이를 통해 섹터별로 상대적인 성과를 평가할 수 있다.

미시적 분석 : 기업 재무제표 분석

미국 주식 기업의 재무제표 분석은 투자자가 기업의 재무 상태와 성과를 평가하는 핵심적인 방법이다. 비트코인이나 현금과 달리 주식처럼 기초자산에 근거한 자산들은 기초자산를 기준으로 움직인다는 장점을 활용할 필요가 있다. 이러한 주식 시장의 이점을 최대한 활용하지 않는다면 투자 승률은 도박에 투자하는 것과 큰 차이가 없을 것이다.

미국 재무제표 용어

미국 재무제표를 제공하는 여러 플랫폼은 대부분 영어로 되어있기 때문에 영문 용어를 국내 용어로 복기해보겠다. 대부분의 사전이나 번역기를 통해 용어를 번역할 시 실제 재무제표상의 용어와 상이해 분석에 장애를 겪을 수 있으니 다음을 참고하기를 바란다.

대차대조표(재무 상태표)	Balance Sheet	손익계산서	Income Statement
자산총계	Total Assets	매출액	Total Revenue Sales
유동자산	Current Assets	매출원가	Cost of Revenue Cost of Sales

대차대조표(재무 상태표)	Balance Sheet	손익계산서	Income Statement
당좌자산	Quick Assets	매출총이익	Gross Profit
현금등가물 및 유가증권	Cash and Marketable Secs	판매관리비	SG&A
매출채권	Receivables	노무비 및 복리후생비	Labor Cost & Benefit
재고자산	Inventory	감가상각비	Depreciation & Amortization
비유동자산	Non-current Assets	영업이익	Operating Profit
투자자산	Investment Assets	EBITDA	EBITDA
유형자산	Tangible Assets	영업외손익	Non-op. Income & Expenses
무형자산	Intangible Assets	순이자비용(영업 외)	Net Interest Expenses
부채총계	Total Liabilities	세전계속사업이익(세전이익)	Pre-tax Profit from Continuing Operations(Pre-tax Income)
유동부채	Current Liabilities	법인세비용	Income Taxes Tax Provision
매입채무	Accounts Payable	계속사업이익	Profit from Continuing Operations
유동성차입금	Current Portion of Debt	중단사업이익	Profit from Discontinued Operations
유동성사채	Current Portion of Debt	당기순이익	Net Profit
비유동부채	Non-current Liabilities		
사채	Bonds		
장기차입금	Lt. Debt-Total		
순부채	Net Debt		
자본총계	Total Stockholder's Equity		
자본총계(지배)	Total Stockholder's Equity (Owners)		
자본금	Paid-in Capital		
자본잉여금	Capital Surplus		
이익잉여금	Retained Earnings		
자본조정	Capital Adjustment		
자기주식	Treasury Stock		
기타포괄손익누계액	Other Accumulated Earnings and Comprehensive Income		

재무제표의 구성

기업의 재무제표에는 주로 손익계산서, 재무 상태표, 현금흐름표가 포함된다. 손익계산서는 기업의 매출액, 비용, 영업이익 등을 보여주며, 기업이 번 돈과 실제로 이익으로 남는 돈을 보여주기에 기업의 수익성 판단의 기준이다. 재무 상태표는 기업의 자산, 부채, 자본 등을 보여주며 기존에 보유한 자본 및 부채 등을 나타내기에 기업 재무 건전성 평가에 사용된다. 현금흐름표는 기업의 현금 유입과 유출을 보여주며 기업의 현금 활동 분석에 도움을 준다.

Income Statement   All numbers in thousands

Breakdown	TTM	9/29/2022	9/29/2021	9/29/2020	9/29/2019
› Total Revenue	383,933,000	394,328,000	365,817,000	274,515,000	26,174,000
Cost of Revenue	217,117,000	223,546,000	212,981,000	169,559,000	9/29/2019
Gross Profit	166,816,000	170,782,000	152,836,000	104,956,000	9/29/2019
› Operating Expense	54,590,000	51,345,000	43,887,000	38,668,000	34,462,000
Operating Income	112,226,000	119,437,000	108,949,000	66,288,000	63,930,000
› Net Non Operating Interest Inc...	−239,000	−106,000	198,000	890,000	9/29/2019
› Other Income Expense	−592,000	−334,000	258,000	803,000	9/29/2019
Pretax Income	111,395,000	119,103,000	109,207,000	67,091,000	65,737,000
Tax Provision	16,635,000	19,300,000	14,527,000	9,680,000	10,481,000
› Net Income Common Stockhold...	94,760,000	99,803,000	94,680,000	57,411,000	9/29/2019
Diluted NI Available to com stock...	94,760,000	99,803,000	94,680,000	57,411,000	9/29/2019
Basic EPS	–	6.15	5.67	3.31	2.99
Diluted EPS	–	6.11	5.61	3.28	2.97
Basic Average Shares	–	16,215,963	16,701,272	17,352,119	18,471,336
Diluted Average Shares	–	16,325,819	16,864,919	17,528,214	18,595,652
Total Operating Income as Reported	112,226,000	119,437,000	108,949,000	66,288,000	63,930,000

〈Yahoo Finance – Apple, Inc. 재무 상태표〉

재무제표 분석에서는 여러 가지 주요 재무지표를 활용해 기업의 재무 상태와 성과를 판단한다. 일반적으로 사용되는 주요 재무지표로는 매출액 성장률(Revenue Growth Rate), 순이익률(Net Profit Rate), 자기자본이익률(Return on Equity), 부채비율(Debt Ratio), 유동비율(Current Ratio), 현금흐름(Cash Flow) 등이 있다. 이러한 재무지표들은 기업의 성장성, 수익성, 재무 건전성 등을 평가하는 데 도움을 준다.

재무 가치평가

재무 가치평가는 법인이 지닌 재무적 가치를 기반으로 주가의 적정성을 판단하는 다소 원론적 방법이다. 기업은 일반 고정자산과 달리 분기마다 매년 매출액이 변동하고 성장과 쇠퇴가 일어나기에 재무의 가치만으로 투자성을 산정한다는 것은 빈틈이 있다. 다만, 현재 기준의 재무가치 저평가 여부 분석을 통해 장부가격 대비 싸게 사는 것인지의 여부 파악의 근거가 될 수 있다.

재무 가치평가 방법은 기업이나 자산의 가치를 평가하기 위한 다양한 접근법과 모델을 포함하는 평가 프로세스를 의미한다. 이러한 방법들은 투자자, 기업 평가 전문가, 그리고 인수 및 합병(M&A) 거래에서 사용된다. 다음은 몇 가지 주요한 재무 가치평가 방법이다.

• 할인 현금흐름 (DCF) 분석

DCF 분석은 기업이나 자산의 가치를 계산할 때 가장 널리 사용되는 방법이다. 이 방법은 미래의 현금흐름을 현재 가치로 할인하는 것으로 이루어진다. 이때 할인율은 투자의 기회 비용을 반영한다.

• 상용지표 평가

다양한 산업 부문과 비교해 유사한 기업의 평가를 통해 가치를 측정한다. 이것은 주식의 P/E 비율, P/B 비율, EV/EBITDA 등과 같은 가격 대 비율을 사용해 이루어진다.

• 자산 기반 평가

이 방법은 기업이 보유한 자산의 가치를 계산한다. 이는 재산, 토지, 기계장치, 지식재산권(IP), 특허 등을 포함할 수 있다.

• 수익 기반 평가

기업이나 자산의 수익과 관련된 지표를 사용해 가치를 계산한다. 이는 기업의 매출, 이익, 현금흐름 등과 관련된 여러 지표를 포함한다.

• 경제적 이윤 분석 (EVA)

EVA는 기업의 재무 성과를 측정하고 자본의 기회 비용을 고려해 경제적 가치를 계산하는 방법이다. EVA를 사용해 기업 가치를 산출할 수 있다.

• 상대 평가

기업이나 자산을 비교군과 비교해 상대적인 가치를 결정한다. 이것은 비교군과 비교해 기업의 가격 대 기술 대 관리 수준을 분석하는 데 사용된다.

• 옵션 가치평가

옵션 가치평가는 옵션과 관련된 수리 모델을 사용해 기업의 가치를 계산하는 방법이다. 이것은 M&A 거래와 같은 상황에서 유용하다.

• 고객의 가치(Customer Lifetime Value, CLV)

CLV는 기업의 고객이 기여하는 가치를 평가한다. 이것은 고객의 유지 및 확보가치를 계산하는 데 사용된다.

• 시장 대 리콜이 비교

이 방법은 시장 가치와 비교해 이익을 평가한다. 이것은 신생 기업이나 성장 기업의 가치 평가에 유용하다.

이러한 방법들은 주어진 상황 및 목표에 따라 적합한 가치평가 방법을 선택할 수 있도록 다양한 옵션을 제공한다. 특정한 평가 목표, 업종 특성 및 기업 특성에 따라서 어떤 방법이 더 적합할지를 결정하는 것이 중요하다.

재무 성장성 평가

재무 성장성 평가는 기업의 재무 상태와 성과가 시간이 지남에 따라 어떻게 발전하는지를 분석하는 과정을 의미한다. 재무 성장성 평가에는 여러 지표와 방법이 사용되는데, 일반적으로 사용되는 몇 가지 평가 방법을 설명한다.

• 매출 성장률(Revenue Growth Rate)

기업의 총 매출이 연간 어떻게 증가하고 있는지를 나타내는 지표다. 이는 기업이 제품 또는 서비스의 수요를 어떻게 관리하고 있는지를 보여준다.

• 순이익 성장률(Net Income Growth Rate)

(현재 순이익 – 이전 순이익) / (이전 순이익) * 100%

기업의 순이익이 연간 어떻게 증가하고 있는지를 나타내는 지표로, 수익성 측면에서의 성장을 측정한다.

• 자산 성장률(Asset Growth Rate)

(현재 자산총계 – 이전 자산총계) / (이전 자산총계) * 100%

기업의 총자산이 연간 어떻게 증가하고 있는지를 나타내는 지표다. 자산 성장은 확장 또는 투자를 나타내며, 이는 기업이 어떻게 자본을 활용하고 있는지를 보여줄 수 있다.

• 자본 재투자율(Return on Equity – ROE)

순이익 / 자기자본 * 100%

기업이 내부적으로 얼마나 효율적으로 자본을 재투자하고 있는지를 측정한다. 높은 ROE는 기업의 자본 효율성을 나타내며, 이는 재무 성장과 밀접한 관련이 있다.

• EPS 성장률(Earnings Per Share Growth Rate)

(현재 EPS – 이전 EPS) / 이전 EPS * 100%

주당 순이익이 어떻게 변화하는지를 나타내는 지표로, 주주 가치 창출과 관련이 있다.

• 배당 성장률 (Dividend Growth Rate)

(금년 주당 배당액 – 전년 주당 배당액) / (전년 주당 배당액) * 100%

기업이 주주에게 배당금을 어떻게 증가시키고 있는지를 나타내는 지표이다. 이는 주주에게 얼마나 많은 현금 흐름을 제공하고 있는지를 나타낸다.

• 외부 자금 확보 (External Financing)

기업이 주식 발행, 부채 발행 또는 기타 외부 자금 확보 수단을 통해 어떻게 성장 자금을 조달하는지를 나타내는 지표이다.

재무 성장성 평가를 통해 투자자는 기업의 재무 건강성과 성장 가능성을 평가할 수 있다. 이러한 지표와 방법은 기업의 재무 보고서와 재무 데이터를 통해 계산할 수 있으며, 재무 분석과 비교적 간단한 산술을 통해 얻을 수 있다.

비교 분석

재무제표 분석에서는 기업의 재무지표를 시계열적으로 분석하고, 같은 산업의 기업들과 비교하는 것이 중요하다. 기업의 과거와 현재의 재무성과를 비교해 추세를 확인하고, 산업 내 다른 기업과 비교해 기업의 상대적인 위치를 파악할 수 있다. 시계열적 분석에서는 기본적으로 연 단위, 분기 단위 분석을 기본으로 한다. 이 경우 계절성 업종이나 경제 순환성 업종의 경우에는 해당 변수에 따른 등락을 고려해 재무를 파악할 필요가 있다.

업종군 비교

동일 업종 군 내에서 내용을 비교하는 것은 실제 경쟁사와 직접 비교하는 것이 아니기 때문에 해당 산업 이해에 기반한 올바른 재무 가치가 산정되지 않는다. 다만, 일반적으로 바이오면 바이오, 반도체면 반도체, 업종마다 존재하는 재무 대비 기업주가의 스펙트럼 범위가 존재한다. 만약, 분석 대상 기업이 명확한 경쟁사가 존재하지 않는 경우, 차순위 분석 방식으로 업종군 혹은 유사 기업군 비교를 참고해서 기업의 주가 가치 유추를 진행한다.

경쟁사 비교

경쟁사들과 주가를 비교하는 것은 상대적 재무 가치 비교 방법 중에서 가장 직접적이고 주가 반영 가능성이 큰 방법이다. 이 방법을 사용하면 동일 경쟁사 중에서 상대적 고평가, 저평가 기업들을 구분할 수 있다. 한편, 경쟁사 비교 방식에서 가장 중요한 부분은 미래 재무가치 분석이 추가되면 가장 올바른 분석이 가능하다는 것이다. 동일 경쟁사군 내에서도 시장 점유율 증가 기업은 당연히 상대적인 주가 스펙트럼에서 현 재무적 가치 대비 높은 고평가를 받아야 한다.

재무 분석 과정이 중요한 이유는 오래된 고전 산업군과 신규 산업군의 경우, 추후의 성장성 전망이 다르기 때문에 업종별 밸류 측정 방식이 상이하기 때문이다. 즉, 성장성이 높은 업종은 동종업계 평균 밸류에이션이 높을 수밖에 없고, 애널리스트들은 해당 기업 평가 시 동종업계의 주가와 비교해서 매기게 된다. 이를 통해 기업의 재무적인 위치를 파악해서 더욱 시장에서 전망하는 올바른 가격을 목표로 하는 투자를 할 수 있도록 만든다.

투자 분석도구 활용

재무제표 분석에는 다양한 투자 분석 도구와 지표를 활용할 수 있다. 그중 대표적인 것으로 P/E 비율, P/B 비율, 주가/순자산 비율, 현금흐름 배당 비율 등이 있다. 지표들의 목적은 실제 기업의 수익성 분석과 비교 대상 업종들과의 비교라는 점을 잊지 말자. 목적에 기반해 유의미한 지표들을 산출한다면 논리적으로 올바른 결론에 더욱 빠르게 도달할 수 있다.

P/E 비율

• 주가 / 주당 이익

P/E 비율은 주식 시장에서 가장 일반적으로 사용되는 평가 지표 중 하나로, 주가 대비 기업의 이익을 나타내는 지표이다. P/E는 '주당 이익 대비 주가'를 나타내며, 주식을 평가하고 가치를 비교하는 데 유용하다.

여기서 주가는 주식의 현재 시장 가격이며, 주당 이익은 기업의 연간 순이익(또는 분기 이익)을 발행된 주식 수로 나눈 값이다.

P/E 비율의 중요한 특징과 의미는 다음과 같다.

• 가격 대비 이익

P/E 비율은 투자자가 주식의 현재 가격 대비 기업의 이익을 파악하는 데 도움을 준다. 이 비율이 높을수록 시장은 주식을 높게 평가하고 있음을

나타내며, 이로 인해 주가가 상대적으로 높을 수 있다.

• 가치 평가 도구

P/E 비율은 주식의 상대적 가치를 판단하는 데 사용된다. 다른 기업 또는 업종의 주가 대비 P/E 비율을 비교해 가격이 어느 정도 고평가되었거나 저평가되었는지를 판단할 수 있다.

• 성장과 안정성 고려

P/E 비율은 기업의 성장률과 안정성과 관련이 있다. 빠르게 성장하는 기업은 일반적으로 높은 P/E 비율을 가질 수 있으며, 안정적인 이익을 지닌 대기업은 낮은 P/E 비율을 가질 수 있다.

• 투자자의 리스크 허용도에 영향

P/E 비율은 투자자의 리스크 허용도에도 영향을 미친다. 고 P/E 비율을 가진 주식은 미래 성장에 대한 큰 기대가 반영되어 있으므로, 높은 리스크를 내포할 수 있다. 반면 낮은 P/E 비율을 가진 주식은 안정적인 기업이나 성장률이 낮은 기업을 나타낼 수 있으며, 더 낮은 리스크를 의미할 수 있다.

• 주식 시장의 평가 지표

P/E 비율은 전반적인 주식 시장의 평가를 나타내는 지표로 사용된다. 시장이 높은 P/E 비율을 가질 경우, 과열 상태나 버블의 조짐으로 해석될 수 있다.

P/E 비율은 주식 시장에서 주가와 이익을 비교하는 데 중요한 도구지만, 단독으로 판단하면 안 되며, 다른 지표와 함께 고려해야 한다. 또한, P/E 비율은 각 기업과 산업에 따라 의미가 달라질 수 있으므로 상황을 종합적으로 고려해야 한다.

P/B 비율

• 주가 / 주당순자산가치 (Book Value per Share)

P/B 비율(Price-to-Book Ratio)은 주식 시장에서 사용되는 중요한 평가 지표 중 하나로, 주가 대비 기업의 순자산 가치를 나타내는 지표다. 이 비율은 투자자들이 주식의 가치를 평가하고 비교하는 데 도움을 준다.

P/B 비율은 주식의 가치를 평가하는 데 유용하지만, 이해해야 할 몇 가지 중요한 측면이 있다.

• 가치 평가

P/B 비율은 주식을 현재의 가격 대비 순자산 가치로 평가하는 데 사용된다. 일반적으로 P/B 비율이 1보다 낮으면 주식이 순자산 가치보다 저렴하다고 해석할 수 있고, 1보다 높으면 주식이 그보다 비싸다고 해석할 수 있다.

• 부채 고려

P/B 비율은 부채를 고려하지 않는다. 따라서 부채가 많은 기업은 높은 P/B 비율을 가질 수 있으며, 이는 주가와 순자산 가치 사이의 괴리를 만들 수 있다.

• 산업 간 비교

P/B 비율은 산업 간에 다를 수 있으며, 다른 산업에서 다른 의미를 가질 수 있다. 일부 산업에서는 높은 P/B 비율이 일반적일 수 있고, 다른 산업에서는 낮은 P/B 비율이 일반적일 수 있다.

• 성장 기업 vs. 안정 기업

성장 기업은 종종 높은 P/B 비율을 가질 수 있다. 그들은 미래 이익을 예상하고 주가가 이익에 비해 높게 평가될 수 있다. 반면 안정적인 기업은 낮은 P/B 비율을 가질 수 있으며, 이것은 시장에서 기업의 안정성을 반영할 수 있다.

P/B 비율은 주식 시장에서 주식의 가치를 판단하는 유용한 도구 중 하나지만, 모든 투자 상황에서 적합한 것은 아니다. 투자 목표와 전략에 따라서 다른 지표와 함께 고려해야 한다.

현금흐름 배당비율

(운영 활동 현금 흐름) / (배당 지급액)

현금흐름 배당비율(Cash Flow Dividend Coverage Ratio)은 기업이 현금흐름을 기반으로 배당을 지불할 수 있는 능력을 나타내는 재무 지표다. 이 비율은 투자자와 주주에게 중요한 지표로, 기업이 현금을 생성하고 배당을 유지하거나 증가시킬 수 있는지를 평가하는 데 사용된다.

운영 활동으로부터의 현금흐름(Operating Cash Flow)

기업이 일상 영업 활동에서 생성한 현금으로, 주로 순이익과 비영리 항목을 조정해 계산된다.

배당 지급액(Dividend Payments)

기업이 주주에게 배당으로 지불한 현금액을 나타낸다.

현금흐름 배당비율이 1보다 크면, 기업은 현금흐름을 기반으로 배당을 지불할 수 있다. 이는 일반적으로 투자자들과 주주에게 긍정적으로 받아들여진다. 그러나 현금흐름 배당비율이 1보다 작으면, 기업이 현금흐름을 기반으로 현재의 배당을 유지하거나 증가시키기 어려울 수 있으며, 추가 자금 조달이나 현금 흐름 개선을 고려해야 할 수 있다.

배당비율을 통해 기업을 해석하는 방식은 다음과 같다.

• 안전성 평가

현금흐름 배당비율이 높을수록 기업은 배당을 유지하거나 확대할 가능성이 크다. 이는 투자자에게 안전성을 제공할 수 있다.

• 재무 건강 상태

이 비율은 기업의 재무 건강 상태를 나타내는 지표 중 하나다. 높은 현금흐름 배당비율은 기업의 금융 안정성을 나타낼 수 있다.

• 배당 정책 평가

이 비율은 기업의 배당 정책을 이해하는 데 도움을 줄 수 있다. 기업이 배당을 중요시하고 있으며 주주에게 꾸준한 현금 흐름을 제공하고자 할 때, 높은 현금흐름 배당비율을 유지할 것이다.

재무제표 분석 시 기업의 성격과 산업의 특성을 고려하여 추가 지표와 도구를 활용할 수 있다. 또한 현재 재무 상태 외에도 과거 재무 및 기업 이슈를 참고로 한 미래 데이터 예측이 주가 이동의 주요인이라는 것을 잊지 말자.

ETF

주가지수 투자는 국가 멸망 전까지 상장폐지될 수 없다.

ETF는 주가지수 간접투자 방식으로 패시브 투자의 시대를 열었다.

버핏이 미증시를 선호하고 ETF를 찬양하는 근본적 이유가 여기에 있다.

Chapter 3
미국 ETF

1. 미국 ETF 시장 특징과 현황

미국 ETF 시장의 성장 동향

미국 ETF 시장은 지난 몇 년 동안 꾸준한 성장을 보여왔다. 다양한 요인들이 성장에 영향을 주었고, 여러 가지 통계적 데이터를 통해 그 동향을 살펴볼 수 있다.

ETF 시장 규모

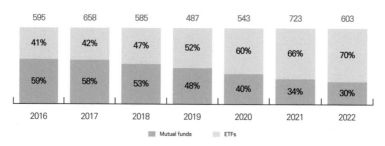

〈연도별 미국 ETF 시장 규모 비중〉

2021년 기준 미국 ETF 시장의 총자산 규모는 약 6조 달러에 이른다. 이는 매년 꾸준한 성장을 보이고 있고 장기적으로 대부분의 투자의 비중은 ETF 투자로 치환될 가능성이 매우 크다. ETF 시장의 규모는 다양한 요인에 의해 영향을 받는다. ETF 상품의 특이성에 의한 투자자들의 관심과 수요, 새로운 ETF 상품의 출시, 시장 변동성 등이 이러한 규모를 형성하는 주요 요소이다.

신규 상장 ETF 수

ETF 시장은 매년 다양한 신규 상장 ETF가 등장하고 있다. 신규 ETF 상품의 수는 시장의 성장을 나타내는 지표 중 하나이다. 주요 인덱스 ETF들은 이미 다수 존재하기에 고 레버리지 ETF, 특정 종목군 가중 투자 ETF, 테마 ETF 등 다양한 목적으로 설계된 상품들이 시장에 출시되고 있다. 이는 투자자들이 다양한 자산 클래스와 전략에 투자할 수 있는 선택의 폭이 넓어진다는 것을 의미한다.

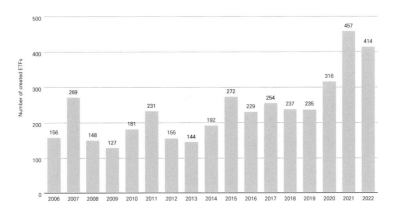

〈2006~2022 미국 신규상장 ETF 수〉

거래량 증가 추이

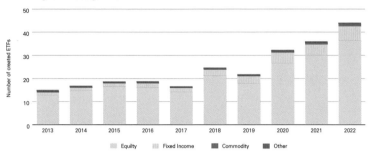

ETF Trading Volumes Surge in 2022

Source: Bloomberg Finance, L.P., as of December 6, 2022, based on SPDR Americas Research calculations.
Past performance is not a reliable indicator of future performance.

〈연간 ETF 거래량, Bloomberg Finance〉

ETF 시장은 거래량 증가 추이에서도 성장을 보인다. 투자자들은 ETF 의 유연성과 투자 전략의 다양성 인지를 통해 포트폴리오를 구성하고 관리하고자 한다. 이에 따라 투자자 수와 거래량이 증가하고 있다.

미국 ETF 시장은 다양한 통계 데이터를 통해 21세기 가장 집중적으로 변화 및 성장하고 있는 투자 시장이다. 그 시장의 의도와 효과는 상당히 투자자들에게 긍정적인 영향으로 분석되고 있는 만큼 실제 투자 수익률로 이어질 선택을 하기를 기대한다.

미국 ETF의 개념

미국 ETF(Exchange-Traded Fund)는 주식, 채권, 상품, 외환 등 다양한 자산에 투자하기 위해 설계된 투자 상품이다. ETF는 펀드의 일종으로, 투자자들이 여러 종목을 하나의 포트폴리오로 소유할 수 있도록 해주는 역할을 한다.

모두가 잘 아는 세계적인 투자자 워런 버핏과 헤지 펀드와의 유명 대결 일화가 있다. 워런 버핏은 롱벳(Longbet)이라는 대결 사이트에서 "2008년 1월 1일부터 2017년 12월 31일까지 10년간 S&P500지수는 수수료, 비용, 경비를 차감한 성과로 측정할 때 헤지 펀드로 구성된 포트폴리오보다 더 나은 성과를 올릴 것이다"라는 내기를 건 바 있다.

워런 버핏(Warren Buffett)과 경쟁한 펀드는 뉴욕의 헤지펀드 프로테제 파트너스였다. 버핏은 뱅가드(Vanguard) S&P500 ETF를 골랐다. 프로테제 파트너스는 헤지 펀드에 투자하는 재간접펀드 5개를 선정했다.

결과는 다음처럼 참혹했다.

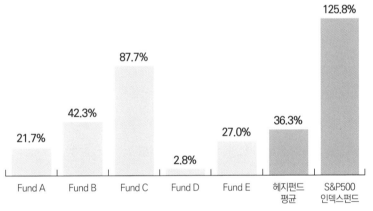

〈버크셔 해서웨이 주주 서한, 2008~2017년 인덱스펀드와 헤지펀드 수익률 비교〉

이는 수학적으로 여러 개별종목의 동시 보유를 통해 개별기업 이슈 리스크 비중을 상호 상쇄하고 기업들의 종합적인 성장성과 인플레이션에는 투자할 수 있기 때문이다. 이러한 지수들에 소속된 종목들을 개별적으로 담지 않고도 효율적으로 추종할 수 있도록 만든 것이 ETF라고 볼 수 있다.

그 때문에 근 10년간 자산운용사들의 트렌드는 펀드 매니저가 직접 현

란한 타이밍 거래를 하는 액티브 거래보다 인덱스 등의 거시적 장기자산에 투자하는 패시브 투자가 대세가 되어왔다. 세계 최대 자산운용사 BlackRock과 아시아의 주요 자산운용사 미래에셋자산운용 등도 이러한 ETF 자산이 전체 운용자산의 주를 이루고 있다.

그렇다면 ETF는 어떤 구조로 만들어지고 어떤 특징을 지니고 있기에 이러한 현대 사회의 운용 트렌드가 되는 것인지 알아보자.

ETF의 구조

ETF는 일반적으로 인덱스 추종 기능을 가지고 있다. 즉, 특정 지수(예: S&P500)의 성과를 추적하는 것이 목표이다. ETF는 거래소에서 주식과 유사하게 거래되며, 한 주의 가격은 해당 포트폴리오의 순자산가치(NAV)와 일치하도록 조정된다.

다양한 자산 클래스

미국 ETF는 다양한 자산 클래스에 투자할 수 있다. 가장 일반적인 유형은 주식 ETF로, 특정 지수의 주식들을 보유하고 있다. 또한 채권 ETF, 원자재 ETF, 부동산 ETF 등도 존재한다. 이를 통해 투자자는 다양한 자산에 포트폴리오를 구성할 수 있다.

투자의 용이성

ETF는 일반적으로 복잡한 계약과 송금 절차를 통해 설정되는 여러 펀드와 달리 거래소에서 실시간으로 거래되기 때문에 매우 간편하게 투자할 수 있다. 주식과 마찬가지로 거래소에서 주문을 통해 ETF를 구매하거나 판매할 수 있다. 이는 투자자에게 유동성과 유연성을 제공하며, 언제든지 포트폴리오를 조정하거나 투자를 청산할 수 있다.

수익과 비용

ETF는 주식의 가격 변동에 따라 수익을 창출한다. 또한 일부 ETF는 배당금을 지급하기도 한다. 수치적인 부분에서는 ETF의 수익률, 배당금 정책, 관리비용 등을 분석할 수 있다. 비용면에서는 여러 펀드와 달리 운용역에게 지급되어야 할 인센티브 등이 적기 때문에 ETF는 일반적으로 상대적으로 저렴한 비용 구조로 되어 있다.

세금 효율성

미국 ETF는 일반적으로 주식형 ETF와 채권형 ETF로 구분된다. 주식형 ETF는 증권거래법 1976년 조항 852(g)에 따라 자산을 전환하거나 재투자하는 과정에서 세금이 부과되지 않는다. 이는 주식형 ETF가 포트폴리오 재구성을 할 때 세금 부담이 적다는 것을 의미한다.

채권형 ETF는 채권에 대한 이익을 배당 형태로 받으며, 이러한 배당금은 일반적으로 세금 부과 대상이다. 그러나 투자자는 배당금을 재투자해 증권 거래법 1976년 조항 852(b)(2)에 따라 세금을 연기할 수 있다. 따라서 ETF를 통해 투자할 경우 세금 부담을 최소화할 수 있다.

배당금 재투자 기능

많은 ETF는 배당금을 투자자에게 지급한다. 이러한 배당금은 주식형 ETF의 경우 해당 포트폴리오의 주식에 대한 이익을 나타내며, 채권형 ETF의 경우 채권의 이자 수익을 나타낸다. 일반적으로 투자자는 이러한 배당금을 재투자해 추가 주식을 구매하거나 해당 ETF의 주식을 보유할 수 있다. 이를 통해 투자자는 배당금을 재투자해 자산을 증가시키고 복리 효과를 얻을 수 있다.

다양한 전략

ETF는 다양한 투자 전략을 수행할 수 있도록 해준다. 위에서 말한 자산의 클래스와 별개로 특정 섹터나 테마에 투자하는 섹터 ETF, 스마트 베타 전략을 따르는 팩터 ETF, 인버스 ETF(주가 하락에 대한 수익을 추구) 등 다양한 유형이 존재한다. 이는 추종 인덱스 특정 종목군에 대한 비중조정이나 하락 베팅 등 다양한 전략 구사를 통해 언제든 수익을 낼 수 있는 방향성이 존재한다. 자신의 투자 목표와 성향에 맞는 ETF를 선택해 포트폴리오를 구성할 수 있다.

크로스 거래 및 알고리즘 거래

미국 ETF는 다양한 거래 전략을 활용할 수 있는 환경을 제공한다. 크로스 거래(Cross Trading)는 거래소에서 ETF의 주문을 일치시켜 블록 거래를 진행하는 방식으로, 대량 거래나 높은 유동성을 필요로 하는 투자자들에게 유용하다. 또한, 알고리즘 거래를 통해 투자자들은 자동화된 거래 전략을 적용할 수 있어 더 효율적이고 정확한 거래를 수행할 수 있다.

ETF 마켓메이커

ETF 시장에는 마켓메이커(Market Maker)라고 불리는 주요 시장 참여자들이 존재한다. 마켓메이커들은 ETF의 주문창에 물량을 지속해서 제공해 유동성을 유지하고, 매수 및 매도 주문에 대응해 시장 거래가 원활하게 이루어지도록 지원한다. 이는 ETF 주식의 거래가 활발하게 이루어지고, 시장가격과 지수가격 사이의 큰 차이가 없다는 것을 의미한다. 이러한 메이커들의 참여는 ETF 시장의 거래 편의성과 유동성을 더욱 향상시킨다.

미국 ETF 시장은 매우 거래 활발하며, 투자자들에게 높은 유동성과 편의성을 제공한다. 자신의 투자 목표와 성향에 맞는 ETF를 선택해 포트폴리오를 구성하고, 수익률과 비용 등을 수치로 분석해 효과적인 투자를 진행할 수 있다.

미국 ETF와 관련된 주요 용어 설명

미국 ETF는 기초자산을 기준으로 설정된 상품이기에 기초자산의 가치변화와 동기화하기 위한 일부 과정과 평가방식이 존재한다. 이과 관련된 기본적 용어는 아래와 같다.

ETF(Exchange-Traded Fund)

ETF는 주식과 유사하게 거래소에서 매수 및 매도가 가능한 투자상품이다. ETF는 다양한 자산 클래스에 투자하며, 특정 지수를 추적하거나 특정 전략을 따른다.

NAV(Net Asset Value)

ETF의 순자산가치로, ETF의 보유 자산 전체 가치에서 부채 등을 차감한 가격을 의미한다. NAV는 일반적으로 ETF의 가격과 거의 일치하도록 관리된다.

프리미엄 및 디스카운트

ETF의 시장 가격과 NAV 간의 차이를 나타낸다. 프리미엄은 ETF의 시장 가격이 NAV보다 높을 때 발생하며, 디스카운트는 시장 가격이 NAV보다 낮을 때 발생한다. 예를 들어, ETF의 NAV가 100달러이고 시장 가격이 102달러라면, 프리미엄은 2%다.

스프레드

ETF의 매수 및 매도 가격 간의 차이, 즉, 최우선 매수호가와 최우선 매도호가 간의 차이를 나타낸다. 스프레드는 거래의 유동성과 관련이 있으며, 좁은 스프레드는 거래 비용을 낮추고 투자자에게 유리하다. 예를 들어, ETF의 매수 가격이 50달러이고 매도 가격이 50.10달러라면, 스프레드는 0.10달러다.

합성 ETF

합성 ETF는 실제 자산을 보유하지 않고 파생상품을 이용해 지수를 추적한다. 이러한 ETF는 자체적으로 리스크를 가지고 있을 수 있으며, 파생상품 거래에 따른 카운터파티 리스크(거래 상대방의 계약 불이행에 따른 리스크)가 존재할 수 있다.

국내화된 ETF

국내화된 ETF는 외국 시장에 상장된 기업의 주식을 국내 거래소에서 거래할 수 있도록 국내화된 상품이다. 이를 통해 투자자는 외국 시장에 직접 투자하지 않고도 해당 기업에 대한 투자를 할 수 있다.

레버리지(Leveraged) ETF

기초자산의 변동율을 1일 N배수로 확대 추종하는 ETF. 1일 기준 N배의 손익률이 발생하나 수학적으로 장기수익률이 N배가 되는 것이 아니라는 점을 숙지할 필요가 있다. 상품명에 3X, Bull, ULTRA 등이 사용된다.

인버스(Inverse) ETF

기초자산의 변동률을 1일 -1배로 추종하는 상품이다. 즉, 기초자산이 상승하면 하락하고 하락하면 상승한다. -2배수 등 음의 N 배수로 추종하는 상품은 레버리지 인버스(Leveraged Inverse) ETF 이라고 한다. 상품명에 Bear, Short, -1X 등이 사용된다.

미국 ETF와 관련된 주요 용어들은 주요 정보 제공과 ETF 투자 결정에 영향을 미칠 기본 용어이니 ETF 투자를 위한 기본소양으로 알아두자.

ETF와 ETN

기초자산을 추총하는 상품중에는 ETF 뿐만 아니라 ETN도 존재한다. ETF는 자산운용사에서 출시하는 펀드의 형태이며, ETN는 주로 증권사에서 출시하는 파생결합 증권이다.

두 상품 모두 기초자산 혹은 지수를 추총하여 간접적인 수익률을 제공한다는 점은 동일하다. 다만, 만기 등 일부 차이점이 존재하며 상세한 내용은 아래와 같다.

	ETN	ETF
발행기관	증권사	자산운용사
분류	파생결합증권	집합투자증권
소유형태	발행자의 선 순위 무보증채권	기초자산에 대한 소유권
만기	O	X
신용위험	O	X (신탁자산으로 보관)
수익률	지수 수익률 보장	지수 수익률 추적
유동성	장중, 일중	장중, 일중
장내 외 거래구분	장내거래	장내거래
연간 수수료	0.4%~1.25%	0.07%~0.8%

〈사진: ETF와 ETN의 차이점〉

특히, ETN의 경우에는 만기일이 존재하며 실제로 이를 모르다가 청산되어 지수 추적이 중단되는 경우가 있으니 유의할 필요가 있다.

2. 미국 ETF와 주식 투자의 비교 및 선택 요소

미국 ETF와 개별 주식 선택을 위한 요소 분석

미국 ETF와 개별 주식을 선택하기 위한 주요 요소들과 각각에 대한 수치적인 부분을 함께 알아보자.

다양성

• ETF : ETF는 여러 개별 주식을 포트폴리오로 가지고 있으므로, 투자 다양성을 제공한다. 특정 섹터나 지역에 집중된 ETF를 선택해 포트폴리오를 다양화할 수 있다. 예를 들어, S&P500지수를 추종하는 미국 주식 시장 ETF는 다양한 산업 부문의 주식을 포함하고 있다.

• 개별 주식 : 개별 주식의 경우, 투자 다양성을 확보하기 위해서는 여러 개별 주식을 구매해야 한다. 특정 종목이나 섹터에 집중된 주식만을 선택할 경우, 투자 리스크가 높아질 수 있다.

리스크 관리

• ETF : ETF는 다양한 주식으로 구성되어 있으므로 개별 주식에 비해 포트폴리오 리스크가 분산된다. 때문에, 주요 리스크는 경제 지표, 환율 등 거시적 요인에 의한 리스크에 한정된다. 또한, ETF는 시장 지수를 추종하거나 특정 전략을 따르기 때문에 개별 주식에 비해 시장 리스크에 노출될 확률이 낮을 수 있다.

• 개별 주식 : 개별 주식의 경우 공시, 부정적 이슈 등 미시적 요인에 의한 리스크가 직접적으로 영향을 미친다. 한편, 대형주로 갈수록 경제 지표, 환율 등 거시적요인에 의한 리스크에 의한 영향의 비중도 상승해 2가지 요인의 영향을 동시에 받는다.

수익성

• ETF : ETF의 수익성은 해당 ETF가 추종하는 지수 또는 전략의 수익성에 따라 달라진다. 지수 ETF의 경우 해당 지수의 수익과 근접하게 수익을 창출한다. 예를 들어, S&P500지수 ETF는 S&P500지수의 수익률과 비슷한 수익을 기대할 수 있다.

• 개별 주식 : 개별 주식의 수익성은 해당 주식의 성과에 따라 달라진다. 개별 주식의 수익은 해당 기업의 실적, 경쟁력, 성장 전망 등에 의해 영향을 받는다. 한편, 상승 근거가 명확하고 강한 수급이 유입되는 종목이라면 주가지수보다 높은 수익률을 기록할 수 있다.

시장 접근성

• ETF : ETF는 거래소에서 신속하고 간편하게 거래할 수 있다. 미국 주식 거래소에서 다양한 ETF를 매수하고 매도할 수 있으며, 거래 시간은 일반

적으로 정규 거래 시간 내에서 이루어진다.

• 개별 주식 : 개별 주식의 경우 해당 주식이 상장된 거래소에서 거래되며, 거래 시간은 해당 거래소의 정규 거래 시간에 따른다. 일부 개별 주식은 유동성이 낮거나 거래량이 적어 거래에 제한이 있을 수 있다.

운용 및 관리

• ETF : ETF는 전문적인 운용사에 의해 관리되므로 투자자는 개별 주식의 운용과 관리에 비해 별도의 노력이 필요하지 않다. ETF 운용사는 해당 ETF의 포트폴리오 구성 및 재조정을 담당하며, 투자자는 단순히 ETF를 매수 또는 매도할 수 있다.

• 개별 주식 : 개별 주식을 투자할 경우, 투자자는 해당 주식을 주시하고 분석해 관리해야 한다. 이는 개별 주식의 실적, 경쟁력, 시장 동향 등을 지속해서 모니터링해야 함을 의미한다.

비용

• ETF : ETF는 전반적으로 운용 비용이 개별 주식과 비교해 상대적으로 낮다. ETF 운용사는 ETF 관리 및 운용을 위한 일정액 수수료를 부과하지만, 이는 ETF 손익에 반영되어 투자자에게는 실제로 지불되지 않는다. 평균적으로 미국 ETF의 운용 비용은 연간 0.1% 이하로 저렴하게 책정되어 있다.

• 개별 주식 : 개별 주식을 매매할 때는 주식 거래 수수료와 세금 등의 비용이 추가로 발생한다. 주식 거래 수수료는 매수와 매도 시에 지불되는 수수료로, 거래 규모와 빈도에 따라 다를 수 있다. 세금은 주식 매도 시에 발생하는 자본 이익에 대해 부과되며, 투자자의 소득세율에 따라 세금액이 결정된다.

이러한 요소 분석을 통해 ETF와 개별 주식의 장단점을 비교해 자신의 투자 목표와 성향에 맞는 선택을 할 수 있다.

투자자 성향에 맞는 미국 ETF와 개별 주식 선택

투자자의 프로필에 따라 미국 ETF와 개별 주식 중 어느 것을 선택할지 결정할 수 있다. 다음은 투자자 프로필을 고려한 미국 ETF와 개별 주식 선택의 요소다.

투자 기간

• 장기 투자 : 장기적인 성장과 자산의 다양성을 추구하는 경우, 미국 ETF 가 유용할 수 있다. ETF는 포트폴리오를 다양화하고 광범위한 시장에 투자할 수 있는 편리한 도구다.

• 단기 투자 : 주식의 단기적인 가격 변동을 통해 수익을 추구하는 경우, 개별 주식을 선택할 수 있다. 개별 주식은 시장에 집중된 투자 기회를 제공할 수 있다.

위험 성향

• 위험 회피형 투자자 : 안정적이고 예측 가능한 수익을 원하는 경우, 미국 ETF가 적합할 수 있다. ETF는 분산 투자를 통해 개별 주식의 위험을 감소시킬 수 있다.

• 고위험 허용형 투자자 : 높은 수익을 추구하고 대담한 투자를 원하는 경우, 개별 주식을 선택할 수 있다. 개별 주식은 개별 회사의 성공에 직접적으로 연결되므로 높은 수익과 높은 위험을 함께 가져갈 수 있다.

시간과 제약

• 시간적 제약이 있는 투자자 : 일상 생활과 다른 업무에 시간과 관심을 집중해야 하는 경우, 미국 ETF가 유용하다. ETF는 운용사에 의해 관리되므로 개별 주식보다는 관리 및 모니터링에 소요되는 시간과 노력이 적다.

• 시간적 제약이 없는 투자자 : 주식 시장에 대한 깊은 지식과 분석 역량이 있는 경우, 개별 주식을 선택할 수 있다. 인덱스 수익을 초과하는 수익을 형성해야 하기 때문에 개별 주식을 분석하고 추세를 파악하는 데는 시간과 노력이 필요하다.

분산과 다양성

• 분산 투자를 선호하는 투자자 : 포트폴리오의 리스크를 분산시키고 다양한 자산에 투자하려는 경우, 미국 ETF가 적합하다. ETF는 여러 개별 주식을 포함하고 있으며, 산업, 섹터, 국가 등 다양한 자산에 투자할 수 있다.

• 집중 투자를 선호하는 투자자 : 특정 회사나 산업에 직접적으로 투자하고 싶은 경우, 개별 주식을 선택할 수 있다. 집중 투자는 리스크가 상승하는 대신 고수익률의 기회를 제공한다. 개별 주식을 통해 특정 회사의 성공에 직접적으로 연결되는 장점을 가질 수 있다.

이러한 요소들을 종합적으로 고려해 투자자의 프로필과 목표에 가장 적합한 선택을 할 수 있다. 투자자의 우선순위와 목표에 따라 미국 ETF와 개별 주식을 조합해 포트폴리오를 구성하는 것도 가능하다.

주식 시장 외 대체 자산 투자 방법 제공

미국 ETF는 주식 시장 외의 자산 클래스에 투자할 수 있는 효율적인 방법을 제공한다. 이를 통해 투자자는 포트폴리오를 다변화하고 다양한 시장 조건에 대비할 수 있다. 주식 시장 외의 자산 클래스로는 채권, 원자재, 부동산 등이 있으며, 이러한 자산 클래스는 주식과는 다른 리스크와 수익 특성을 가지고 있다.

수치적인 부분을 예로 들어보면, 투자자가 주식 ETF 외에 채권 ETF에도 투자한다고 가정해보자. 채권 ETF는 채권 시장에 직접 투자하지 않고, 여러 종류의 채권으로 구성된 포트폴리오에 투자함으로써 채권 시장에 노출될 수 있다. 이를 통해 투자자는 주식 시장의 변동성과는 상관없이 안정적인 채권 수익을 얻을 수 있다. 채권 ETF는 투자 등급, 만기, 이자율 등 다양한 채권 유형 데이터를 제공하므로, 투자 목표와 리스크 성향에 맞는 채권 ETF를 선택할 수 있다.

또한, 미국 ETF를 통해 원자재나 부동산 시장에도 노출할 수 있다. 원자재 ETF는 금, 은, 원유 등 다양한 원자재에 대한 투자 기회를 제공한다. 부동산 ETF는 주택, 상업용 부동산 등 다양한 부동산 자산에 투자할 수 있는 기회를 제공한다. 이를 통해 투자자는 주식 외의 자산 클래스에도 분산 투자를 실현할 수 있다.

ETF를 활용해 주식 시장 외의 자산 클래스에 노출할 경우, 투자자는 포트폴리오의 다변화와 리스크 분산을 달성할 수 있다. 주식 시장과 다른 특성을 가진 자산 클래스에 투자함으로써 포트폴리오의 전체적인 성과를 안정화시킬 수 있다. 자신의 투자 목표, 리스크 성향, 시장 전망 등을 고려해 주식 외의 다양한 자산클래스에 투자하는 ETF를 선택할 수 있다.

3. 미국 ETF의 종류와 분류 기준

미국 ETF의 종류: 규모, 지역별 분류

미국 ETF는 규모에 따라 다양하게 분류될 수 있다. 아래는 주요 규모별로 분류된 미국 ETF의 예시와 수치적인 부분이다.

규모별 분류

• 대형 규모(Large-Cap) ETF : 대형 규모 ETF는 대형 기업에 투자하고자 하는 투자자들을 위한 ETF이다. 대형 규모 ETF는 주로 S&P500지수와 같은 대형 주식 지수를 추종한다.

ex. SPDR S&P500 ETF(SPY)는 S&P500 지수를 추종하는 대표적인 대형 규모 ETF이다.

(AUM 약 4,000억 달러 이상)

• 중소형 규모(Mid-Cap) ETF : 중소형 규모 ETF는 중소형 기업에 투자하고자 하는 투자자들을 위한 ETF이다. 중소형 규모 ETF는 주로

Russell Midcap 지수나 S&P MidCap 400지수와 같은 중소형 주식 지수를 추종한다.

ex. iShares Russell Mid-Cap ETF(IWR)는 Russell Midcap 지수를 추종하는 중소형 규모 ETF이다. (AUM 약 600억 달러 이상)

• 소형 규모(Small-Cap) ETF : 소형 규모 ETF는 소형 기업에 투자하고자 하는 투자자들을 위한 ETF이다. 소형 규모 ETF는 주로 Russell 2000 지수와 같은 소형 주식 지수를 추종한다.

ex. iShares Russell 2000 ETF(IWM)는 Russell 2000 지수를 추종하는 소형 규모 ETF이다(AUM 약 600억 달러 이상)

지역별 분류

미국 ETF는 지역별로도 분류될 수 있으며, 주요한 지역별 분류는 다음과 같다.

• 미국 전체 시장 ETF : 미국 전체 시장을 대상으로 투자하는 ETF이다. 이러한 ETF는 S&P500지수나 브로더 마켓 지수 등과 같은 대표적인 지수를 기반으로 구성된다.

ex. SPDR S&P500 ETF(SPY)는 S&P500지수를 추종하는 대표적인 미국 전체 시장 ETF이다.

• 주요 지역별 ETF : 미국 내에서도 주요 지역별로 투자하는 ETF가 있다. 이러한 ETF는 특정 지역의 주식 시장 지수를 기반으로 포트폴리오를 구성한다.

ex. iShares MSCI EAFE ETF(EFA)는 유럽, 호주, 아시아 등 국제 시장을 대상으로 투자하는 ETF로, EAFE 지수를 추종한다

• 신흥 시장 ETF : 신흥 시장에 투자하는 ETF도 많이 존재한다. 이러한

ETF는 주로 신흥국의 주식 시장 지수를 기반으로 포트폴리오를 구성한다.

ex. iShares MSCI Emerging Markets ETF(EEM)는 신흥 시장을 대상으로 투자하는 대표적인 ETF이다.

• **부분적인 지역별 ETF** : 특정 지역이나 국가의 특정 부분에 투자하는 ETF도 존재한다.

ex. iShares China Large-Cap ETF(FXI)는 중국 대형주에 투자하는 ETF로, 중국 시장에 특화된 ETF이다.

과거에는 MSCI 같은 유명 인덱스를 기준으로 투자자들이 자체적으로 인덱스에 맞춰 리밸런싱 하거나 비중 변화되어 수급 유입되는 종목에 투자를 진행했었다.

그러나 현재는 인덱스를 ETF화 해 인덱스 변화에 직접 투자 진행하는 패시브 투자 스타일로 기관과 개인 모두 변화하고 있다. ETF 자금의 유출입으로 각국의 인덱스가 변화할 만큼 큰 영향력을 끼치고 있다.

미국 ETF의 종류: 자산 클래스별 분류

미국 ETF는 자산 클래스별로 다양하게 분류될 수 있다. 미국 ETF는 다양한 자산 클래스에 대한 노출을 제공하기 위해 대안 자산을 포함한 다양한 종류로 분류될 수 있다. 대안 자산이란, 상장 보통주가 아닌 부동산, 원자재 등 대체투자에서 주로 다루는 자산을 대상으로 설정한 ETF를 의미한다. 대체투자 펀드들이 ETF화 해서 유동성을 지닌 상품으로 출시했다고 보면 옳다. 자산 클래스별로 분류되는 주요한 ETF 종류는 다음과 같다.

주식형(Equity) ETF

주식형 ETF는 주식 시장에 투자하고자 하는 투자자들을 위한 ETF
이다. 이러한 ETF는 주식 지수를 추종하거나 특정 주식 종목에 직
접 투자한다.

ex. SPDR S&P500 ETF(SPY)는 S&P500지수를 추종하는 대표적인 주식형 ETF이다.

(AUM 약 4,000억 달러 이상)

채권형(Fixed Income) ETF

채권형 ETF는 채권 시장에 투자하고자 하는 투자자들을 위한 ETF
이다. 이러한 ETF는 정부 채권, 회사 채권, 농업 부동산 채권 등 다
양한 채권 종류에 투자한다.

ex. iShares Core U.S. Aggregate Bond ETF(AGG)는 미국 채권 시장을 대표하는 지수에

기초한 채권형 ETF이다. (AUM 약 2,000억 달러 이상)

원자재 ETF(Commodity ETF)

원자재 ETF는 금, 은, 원유, 천연가스 등과 같은 다양한 원자재에
투자할 수 있는 ETF이다. 이러한 ETF는 해당 원자재의 선물 계약
이나 실물 보유 등을 통해 원자재 시장에 노출된다. 원자재 ETF를
통해 투자자들은 원자재 가격의 상승이나 하락에 대한 포트폴리오
보호나 수익 추구를 할 수 있다.

ex. SPDR Gold Shares ETF(GLD)는 금 시장에 투자하기 위한 대표적인 원자재형 ETF이다.

(AUM 약 1,500억 달러 이상)

부동산 ETF(Real Estate ETF)

부동산 ETF는 상업용 부동산, 주거용 부동산, 부동산 투자회사 (REITs) 등 부동산 관련 자산에 투자한다. 이러한 ETF는 부동산 시장의 변동성을 관찰하거나 특정 부동산 세그먼트에 투자할 수 있는 기회를 제공한다. 부동산 ETF는 일반적으로 임대 수익이나 부동산 가치의 상승에 따른 수익을 추구하는 투자자들에게 인기가 있다.

ex. iShares U.S. Real Estate ETF(IYR)는 미국 부동산 시장을 대표하는 지수에 기초한 부동산형 ETF이다. (AUM 약 800억 달러 이상)

헤지펀드 ETF(Hedge Fund ETF)

헤지 기금 ETF는 전통적인 헤지 기금 전략을 추구하는 ETF이다. 이러한 ETF는 일반적으로 다양한 전략을 사용해 포트폴리오를 운용하며, 대표적으로 롱-쇼트, 컨버터블 아비트리지, 잠재적 헤지, 상대 가치 전략 등이 있다. 헤지 기금 ETF는 포트폴리오의 다변화와 위험 관리를 위해 투자할 수 있는 대안으로 인기가 있다.

ex. Global X Russell 2000 Covered Call ETF(RYLD), iMGP DBi Managed Futures Strategy ETF(DBMF), RPAR Risk Parity ETF(RPAR))

통화 ETF(Currency ETF)

통화 ETF는 다양한 국가의 통화에 투자한다. 이러한 ETF는 해당 통화의 가치 상승이나 하락에 따른 수익을 추구할 수 있으며, 외환 시장에 노출된다. 통화 ETF를 통해 투자자들은 통화 간 변동성을 이용한 투자 전략을 수행할 수 있다.

ex. ProShares Bitcoin Strategy ETF(BITO), Invesco DB US Dollar Index Bullish Fund(UUP), WisdomTree Bloomberg U.S. Dollar Bullish Fund(USDU)

대체 전략 ETF(Alternative Strategy ETF)

대체 전략 ETF는 일반적인 규모의 ETF와는 다른 투자 전략을 추구한다. 이러한 ETF는 대출 전략, 파생상품 전략, 평가 전략 등을 사용해 수익을 추구하며, 일반적인 주식이나 채권과는 다른 투자 기회를 제공한다.

ex. First Trust Long/Short Equity ETF(FTLS), IQ Hedge Multi-Strategy Tracker ETF(QAI), SPDR SSgA Multi-Asset Real Return ETF(RLY)

이러한 예시는 자산 클래스별로 분류된 ETF를 설명한 것이며, 미국 ETF 시장에서는 대안 자산을 포함한 다양한 자산 클래스에 대한 ETF가 제공되고 있다. ETF 자산군 별로 다른 패턴의 추이를 보이기 때문에 주요 증시가 하락 혹은 횡보장에 있을 경우, 투자의 대안으로써 ETF들을 여러 자산군에서 선택할 수 있다.

미국 ETF의 종류: 투자 전략별 분류

미국 ETF는 투자 전략에 따라 다양하게 분류될 수 있다. 아래는 주요 투자 전략별로 분류된 미국 ETF의 예시와 수치적인 부분이다.

균형형(Balanced) ETF

균형형 ETF는 주식 및 채권 등 다양한 자산 클래스에 균등하게 투자하는 전략을 채택한 ETF이다. 이러한 ETF는 주식과 채권의 비율을 조정해 포트폴리오를 균형 있게 유지한다.

ex. Vanguard Balanced ETF는 균형형 투자 전략을 적용한 대표적인 ETF이다)

섹터형(Sector) ETF

섹터형 ETF는 특정 산업 섹터에 집중적으로 투자하는 전략을 채택한 ETF이다. 이러한 ETF는 투자자가 특정 섹터에 대한 성장 가능성을 고려해 포트폴리오를 구성할 수 있도록 해준다. 다음은 주요 섹터 ETF 사례다.

• 기술 섹터(Technology Sector) ETF : 기술 섹터 ETF는 주로 정보 기술 기업에 투자하는 전략을 채택한 ETF이다. 이러한 ETF는 주식 포트폴리오를 주로 IT 기업, 소프트웨어, 하드웨어, 통신 기업 등 기술 관련 섹터에 집중해 구성한다.

ex. Invesco QQQ ETF(QQQ)는 기술 섹터에 대한 투자를 위해 NASDAQ 100 지수를 추종하는 대표적인 ETF이다)

• 금융 섹터(Financial Sector) ETF : 금융 섹터 ETF는 주로 은행, 보험, 금융 서비스 기업 등 금융 관련 기업에 투자하는 전략을 채택한 ETF이다. 이러한 ETF는 금융 섹터의 성장 가능성 및 금리 변동에 따른 투자 기회를 고려해 포트폴리오를 구성한다.

ex. Financial Select Sector SPDR ETF(XLF)는 금융 섹터에 투자하는 대표적인 ETF이다)

• 소비재 섹터 (Consumer Discretionary Sector) ETF : 소비재 섹터 ETF는 소비재 기업에 투자하는 전략을 채택한 ETF이다. 이러한 ETF는 소비자 지출 및 소비 동향에 따른 기업의 성장 가능성을 고려해 포트폴리오를 구성한다.

ex. Consumer Discretionary Select Sector SPDR ETF(XLY)는 소비재 섹터에 투자하는 대표적인 ETF이다)

• 에너지 섹터 (Energy Sector) ETF : 에너지 섹터 ETF는 주로 석유, 가스, 발전 등 에너지 관련 기업에 투자하는 전략을 채택한 ETF이다. 이러한 ETF는 에너지 시장의 변동성과 에너지 수급에 따른 투자 기회를 고려해 포트폴리오를 구성한다.

ex. Energy Select Sector SPDR ETF(XLE)는 에너지 섹터에 투자하는 대표적인 ETF이다)

팩터형 (Factor) ETF

팩터형 ETF는 특정 투자 팩터(요소)에 기반한 투자 전략을 채택한 ETF이다. 이러한 ETF는 주식의 특정 특성이나 요소를 고려해 포트폴리오를 구성한다.

• 가치(Value) 팩터 : 가치 팩터 ETF는 저평가된 주식을 포함하는 포트폴리오를 구성한다. 이러한 ETF는 주로 주가 대비 기업의 가치나 재무지표를 고려해 주식을 선택한다.

ex. iShares Russell 1000 Value ETF(IWD)는 미국 대형주 중에서 가치 기준에 따라 선택된 주식으로 구성된다)

• 성장(Growth) 팩터 : 성장 팩터 ETF는 성장이 빠른 기업의 주식을 포함하는 포트폴리오를 구성한다. 이러한 ETF는 주로 기업의 수익성, 매출 증가율, 혁신력 등을 고려해 주식을 선택한다.

ex. iShares Russell 1000 Growth ETF(IWF)는 미국 대형주 중에서 성장 기준에 따라 선택된 주식으로 구성된다)

• 저변동성(Low Volatility) 팩터 : 저변동성 팩터 ETF는 변동성이 낮은 주식을 포함하는 포트폴리오를 구성한다. 이러한 ETF는 주로 주식의 가

격 변동성을 고려해 주식을 선택한다.

ex. iShares Edge MSCI Min Vol USA ETF(IMVAF)는 미국 시장에서 변동성이 낮은 주식

으로 구성된다

• 사회적 책임(ESG) 팩터 : 사회적 책임 팩터 ETF는 기업의 사회적, 환경

적, 지배구조 측면에서의 성과를 고려해 주식을 선택하는 포트폴리오를

구성한다. 이러한 ETF는 ESG 기준을 충족하는 기업의 주식을 포함한다.

ex. iShares ESG MSCI USA ETF(ESGU)는 미국 시장에서 ESG 기준을 충족하는 기업의

주식으로 구성된다

이러한 예시는 팩터별로 분류된 ETF의 일부를 설명한 것이며, 미국 ETF 시장에서는 다양한 팩터별 ETF가 제공되고 있다. 동일한 목적의 팩터라도 ETF를 설정하는 기관마다 평가방식이 상이하다. 때문에, 해당 ETF 운용사의 설명페이지에서 ETF를 설명한 'Fact Sheet'를 참고하거나 차트에서 과거 레코드를 참고하는 것도 좋은 방법이다.

배리어형(Barrier) ETF

배리어형 ETF는 주식의 가격 변동에 따라 투자 전략을 조정하는 ETF이다. 이러한 ETF는 특정 가격 장벽을 기준으로 주식의 보유 비율을 조절해 포트폴리오를 관리한다.

ex. SPDR S&P500 Dividend ETF(SDY)는 배리어형 투자 전략을 적용한 대표적인 ETF이

다

이러한 예시는 투자 전략별로 분류된 ETF를 설명한 것이며, 미국 ETF 시장에서는 다양한 투자 전략을 적용한 ETF가 제공되고 있다. 자신의 투

자 목표와 전략에 맞는 ETF를 선택해 포트폴리오를 구성할 수 있다.

미국 ETF의 종류: 가치별 분류

미국 ETF는 가치별로도 분류될 수 있다. 가치별로 분류되는 ETF는 주식 시장에서 가치 투자 전략을 따르거나 특정 가치 지표를 기준으로 종목을 선택하는 ETF이다. 주요한 가치별 분류는 다음과 같다.

가치 ETF(Value ETF)

가치 ETF는 가치 투자 전략을 따르며, 저평가된 주식을 찾아 투자하는 것을 목표로 한다. 가치 ETF는 주식의 가격과 관련된 지표인 주가 수익 비율(P/E 비율), 주가/순자산 비율(P/B 비율) 등을 고려해 저평가된 주식을 선택한다.

ex. iShares Russell 1000 Value ETF (IWD)와 Vanguard Value ETF (VTV)

성장 ETF (Growth ETF)

성장 ETF는 주식 시장에서 성장 가능성이 큰 회사의 주식에 투자한다. 이러한 ETF는 매출 성장률, 이익 성장률, 주가 상승률 등과 같은 지표를 고려해 성장 가능성이 큰 종목을 선택한다.

ex. iShares Russell 1000 Growth ETF(IWF)와 Vanguard Growth ETF(VUG)

혼합 ETF (Blend ETF)

혼합 ETF는 가치와 성장을 모두 고려해 포트폴리오를 구성한다. 이러한 ETF는 주식 시장에서 가치 및 성장 잠재력이 있는 종목을 조합해 포트폴

리오를 구성한다. 혼합 ETF는 주식의 가치나 성장 중 어떤 요소를 강조할

지에 따라 다양한 변형이 있다.

ex. iShares Russell 1000 ETF (IWB)와 SPDR S&P500 ETF Trust(SPY)

이러한 예시는 가치별로 분류된 ETF 일부를 설명한 것이며, 미국 ETF 시장에서는 다양한 가치별 ETF가 제공되고 있다. 팩터 ETF와의 차이점은 팩터 ETF는 운용사 별 치중하는 목적을 재해석해 ETF 구성 종목의 선별기준을 잡는다. 하지만, 밸류 ETF의 경우 우리가 하는 고전적인 가치·성장 투자 방식을 가능한 한 그대로 수치화해 ETF 구성 풀을 형성했다는 특징이 있다.

미국 ETF의 종류: 판매자별 분류

미국 ETF는 판매자별로 분류될 수 있으며, 이는 ETF의 운용 및 유통을 담당하는 주체별로도 구분된다. 주요한 판매자별 분류는 다음과 같다.

브로커-딜러 자체 운용(Proprietary) ETF

이러한 ETF는 주식 또는 자산 운용 회사 자체에서 운용되는 ETF이다. 자

체 운용 ETF는 회사 자산을 기반으로 구성되며, 회사의 투자 전략에 따라

주식이 선택된다.

ex. Vanguard의 Vanguard Total Stock Market ETF(VTI)와 BlackRock의 iShares Core

S&P500 ETF(IVV) 등

독립 운용사 운용(Independent) ETF

독립 운용사는 미국 증권거래위원회(SEC)에 등록된 회사로, ETF를 운용하고 판매하는 주체이다. 이러한 독립 운용사는 다양한 투자 전략과 주식 선택 방식을 통해 ETF를 운용한다.

ex. State Street Global Advisors(SPY), Invesco(PowerShares), Charles Schwab 등

은행 및 금융기관 발행 ETF

은행 및 금융기관은 ETF를 발행하고 유통하는 역할을 수행한다. 이러한 ETF는 은행이나 금융기관의 브랜드 아래에서 제공되며, 주로 특정 지수를 추적하는 목적으로 사용된다.

ex. JPMorgan Chase, Goldman Sachs, Bank of America Merrill Lynch 등

종합증권회사(Discount Brokerage) ETF

종합증권회사는 개인 투자자에게 다양한 ETF를 제공하는 역할을 수행한다. 이러한 종합증권회사는 주식 거래 플랫폼을 운영하며, 투자자는 이를 통해 다양한 ETF를 거래할 수 있다.

ex. TD Ameritrade, E*TRADE, Fidelity 등

이는 판매자별로 분류된 ETF 일부를 설명한 것이며, 미국 ETF 시장에서는 다양한 판매자별 ETF가 제공되고 있다. 특히, 미국의 경우 아시아의 ETF들보다 운용기관의 범위나 풀이 상당히 넓은 편이다. ETF 출시기관의 차이에 따라 운용수수료의 차이로 인해 장기적인 수익률에 변화가 발생할 수 있기에 투자 전 운용 수수료율을 참고하면 좋다.

4. 미국 ETF의 관련 법규와 규제

투자자 보호 규제

미국에서는 ETF의 투자자 보호를 위해 다양한 규제가 시행되고 있다. 주요한 규제 기관은 미국 증권거래위원회(SEC)이다. 아래는 미국 ETF의 투자자 보호를 위한 주요 규제 사항이다.

ETF 등록

미국에서 ETF는 증권법에 따라 등록되어야 한다. 등록 과정에서 ETF는 자산 구성, 운용 전략, 수수료 구조 등에 대한 상세한 정보를 제출해야 한다. 이를 통해 투자자에게 투명한 정보를 제공하고 투자 결정에 도움을 준다.

정보 공시

ETF 제공자는 ETF의 일일 구성 자산, 순자산가치(NAV), 시장 가격 등을 일정한 주기로 공시해야 한다. 이를 통해 투자자들은 ETF의 가치 변동과 투자 포트폴리오의 변화를 실시간으로 추적할 수 있다.

규모 제한

ETF의 규모는 SEC에 의해 제한될 수 있다. 큰 규모의 ETF는 일부 자산이 시장 조성에 영향을 미칠 수 있는 잠재적인 리스크를 가질 수 있기 때문에 규모 제한이 설정된다.

내부 거래 제한

ETF 제공자는 ETF와 관련된 내부 거래를 제한해야 한다. 이를 통해 ETF 제공자는 공정한 거래 환경을 유지하고, 특정 투자자나 그룹에 유리한 내부 거래를 방지한다.

투자자 보호 규정

ETF는 투자자 보호를 위한 다양한 규정에 따라 운영되어야 한다. 예를 들어, ETF 제공자는 자산을 투명하게 운용하고, 충분한 정보를 제공하며, 투자자의 이익을 우선시해야 한다.

이러한 규제들은 ETF 투자자의 이익을 보호하고, 투명성을 확보해 투자자들이 안전하고 투명한 환경에서 ETF를 투자할 수 있도록 도와준다.

세금 및 회계 규제

미국에서 ETF의 세금 및 회계 규제는 다음과 같이 이루어진다.

세금 규제

- 세금 구조 : 미국의 대부분의 ETF는 투자 회사 형태로 구성되어 있다. 이러한 ETF는 투자자가 주식을 매도할 때 얻은 이익에 대해 세금을 부과받을 수 있다. 이익은 일반적으로 금융자본 이득세로 간주되며, 매도한 주식의 보유 기간에 따라 단기 소득세나 장기 소득세로 세금이 부과된다.
- 배당금 세금 : ETF가 배당금을 수령할 경우, 일반적으로 투자자에게 배당금이 지급되기 전에 세금이 제외된다. 배당금 세금은 보통 일반 소득세 또는 이자소득세로 간주된다.

회계 규제

- 회계 원칙 : ETF는 보통 미국의 회계 원칙인 Generally Accepted Accounting Principles (GAAP)에 따라 재무 정보를 기록하고 보고한다. 이는 재무 정보의 투명성과 일관성을 제공해 투자자들이 ETF의 재무 상황을 평가할 수 있도록 돕는다.
- NAV 계산 : ETF는 일반적으로 매일 종가를 기준으로 순자산가치(Net Asset Value, NAV)를 계산해 공개한다. NAV는 ETF의 보유 자산을 기준으로 한 주당 순자산가치를 의미하며, 투자자들은 이를 통해 ETF의 현재 가치를 확인할 수 있다.
- 공개 보고서 : ETF 운용사는 SEC에 정기적으로 공개 보고서를 제출해야 한다. 이 보고서에는 ETF의 재무 상태, 운용 전략, 보유 자산 등에 대한 상세한 정보가 포함된다.

세금 및 회계 규제는 ETF 운용사가 투명성을 유지하고 투자자의 이익을 보호하기 위해 중요한 역할을 한다. 이러한 규제들은 ETF 시장의 안정성과 신뢰성을 높이며, 투자자들이 ETF를 효과적으로 평가하고 선택할 수 있도록 돕는다.

PTP 규제와 세금

PTP (Publicly Traded Partnership)란, 미국 내 천연자원(원유, 가스, 금, 은) 및 부동산 등에 파트너십 형태로 투자하는 기업의 지분이다. 증권 시장에서 공개적으로 거래되며 Master Limited Partnerships (MLPS)로 지칭되는 종목들이다.

미국 주식 PTP (Publicly Traded Partnership) 종목이 2023년 1월 1일부터 미국 국세청(IRS)의 조세법 Section 1446(f)에 의거 고액 과세 대상이 되었다. 보유기간이나 손익 여부와 상관없이 매도 시 매도대금의 10%가 현지 세금으로 원천징수 된다. 다만, 이미 여러 국내 증권사들에서는 PTP 종목 신규 매수가 원천적으로 불가하도록 봉쇄하고 있기 때문에 걱정할 사항은 아니다.

다음은 PTP 룰에 해당된 주요 ETF 종목들이다.

전체 리스트에 대해서는 증권사의 홈페이지를 통해 최신 PTP리스트를 확인해보면 좋으며 필자의 회사 홈페이지에 증권사 PTP리스트로 가는 다이렉트 링크를 업로드 해 놓았다.

* 참고: 블랙퀀트에쿼티(https://blackquant.co/faq)

다만, PTP 종목으로 지정되어도 PTP(발행회사)가 '10% 면제 QN(Qualified Notice)'을 발행한 경우 공시된 기간 동안 10% 원천징수가 면제되는 경우가 많다. 이 부분은 예탁결제원의 PTP 리스트를 확인해 세금부과 종목인지 확인해보면 좋다.

그러나, 대부분의 PTP 종목들은 이미 국내 증권사들에서 신규매수를 막아 놓았기 때문에 이미 거래할 수 없다. 그렇다고 원하는 상품에 베팅이 아예 불가한 것이 아니다. 원자재 등 일부 상품군의 경우 ETN 상품들은 거래가 가능한 경우들이 많기 때문에 ETN 상품을 통해서 원하는 수익률을 거둘 수 있다. *ex.* 오일 ETF 'USO' 상품 대신 ETN 상품인 'iPath Pure Beta Crude Oil ETN (OIL)'을 통해 유가수익 추종 가능

또한, 대부분의 원자재 상품의 경우 미국 외의 각국 자산운용사들이 이미 ETF를 출시해 운용 중이기 때문에 이부분을 참고해 거래하길 바란다. *ex.* [261220] KODEX WTI원유선물(H), [319640] TIGER 골드선물(H)

ETF Strategy

ETF는 미시적 투자가 아닌 중시 혹은 거시적 매크로 투자이다.

자본시장의 구조가 뇌 속에 그려질수록 ETF 투자는 수월해진다.

Chapter 4

미국 ETF 투자 전략

1. ETF 활용 방안

미국 ETF 활용 방안: 포트폴리오 다변화와 리밸런싱

포트폴리오 다변화와 리밸런싱은 투자자의 포트폴리오를 조정해 리스크를 분산시키고 예상 수익을 극대화하는 전략이다.

포트폴리오 다변화

포트폴리오 다변화는 투자자의 자산을 다양한 자산 클래스나 시장 세그먼트에 분산해 투자하는 것을 의미한다. 이를 통해 투자 리스크를 분산시키고 예상 수익을 안정적으로 추구할 수 있다. 미국 ETF를 활용한 포트폴리오 다변화는 다양한 시장 지수에 연결된 ETF를 선택해 구성할 수 있다.

ex. 투자자는 주식형 ETF, 채권형 ETF, 부동산형 ETF, 원자재형 ETF 등 다양한 자산 클래스에 투자하는 ETF를 선택해 포트폴리오를 구성할 수 있다. 이렇게 구성된 포트폴리오는 각 자산 클래스의 수익률이 상관관계가 낮거나 음의 상관관계를 가질 때 투자 리스크를 분산시킬

수 있다

리밸런싱

리밸런싱은 포트폴리오의 원래 목표 비율을 유지하기 위해 주기적으로 포트폴리오를 조정하는 과정이다. 리밸런싱은 특정 자산 클래스가 예상보다 큰 수익을 올리거나 작은 수익을 올렸을 때, 그리고 포트폴리오의 리스크를 조절하기 위해 수행된다. 리밸런싱을 통해 투자자는 특정 자산 클래스에 과도한 노출을 피하고 포트폴리오의 목표 비율을 유지할 수 있다.

ex. 투자자가 주식형 ETF와 채권형 ETF로 구성된 포트폴리오를 가지고 있다고 가정해보자. 주식형 ETF의 예상보다 높은 수익률로 주식형 ETF의 비중이 증가한 경우, 리밸런싱을 통해 주식형 ETF를 매도하고 채권형 ETF를 매수함으로써 목표 비율을 유지할 수 있다

리밸런싱의 주기는 투자자의 투자 시간대 및 리밸런싱 전략에 따라 다를 수 있다. 일반적으로는 6개월에서 1년에 한 번 정도의 주기로 리밸런싱을 수행하는 것이 일반적이다. 하지만 자신의 투자 목표와 성향에 따라 리밸런싱 주기를 월 단위 분기 단위로 조정할 수 있다.

이렇게 포트폴리오 다변화와 리밸런싱을 통해 미국 ETF를 활용하는 것은 투자자의 포트폴리오 리스크 관리와 예상 수익 극대화에 도움을 줄 수 있다. 투자 목표와 성향을 고려해 최적 ETF 선택 및 포트폴리오를 다양화하며, 정기적 리밸런싱을 통해 포트폴리오 균형을 유지하는 것이 중요하다.

미국 ETF 활용 방안: 리스크 관리와 헤지

미국 ETF는 다양한 투자 전략과 목표에 따라 활용할 수 있으며, 리스크 관리와 헤지 전략에도 유용하게 활용될 수 있다. 아래에서는 미국 ETF를 활용한 리스크 관리와 헤지 전략에 대해 알아보자.

리스크 관리를 위한 미국 ETF 활용

• 분산 투자 : 미국 ETF는 주식, 채권, 부동산, 원자재 등 다양한 자산 클래스로 구성될 수 있다. 투자자는 포트폴리오를 이러한 ETF로 다양화해 특정 자산의 리스크에 노출되는 것을 감소시킬 수 있다.

• 섹터 및 산업 노출 통제 : 미국 ETF는 특정 섹터나 산업에 집중된 ETF로 구성될 수 있다. 투자자는 특정 산업 또는 섹터의 리스크를 줄이거나 노출을 늘리는 데 사용할 수 있다. 예를 들어, 기술 기업에 노출되고 싶은 투자자는 기술 ETF를 활용할 수 있다.

• 팩터 전략 : 미국 ETF 중 일부는 특정 투자 팩터(예: 가치, 성장, 배당)에 기반한 전략을 따른다. 투자자는 이러한 ETF를 사용해 리스크와 수익률을 특정 팩터에 노출시킬 수 있다.

• 변동성 관리 : 변동성 ETF는 시장 변동성에 노출되는 것을 헤지하려는 투자자에게 유용하다. 이러한 ETF는 주가 변동성의 반대 방향으로 움직이도록 설계되어 있으며, 시장 하락 시 리스크를 줄일 수 있다.

ex. VictoryShares US Multi-Factor Minimum Volatility ETF(VSMV)는 미국 대형주 및 중형주에 투자하며 변동성을 최소화하는 ETF입니다. 변동성을 최소화하며 위험 조정 수익을 최대화해서 설계된 변동성 헤지 상품입니다.

헤지 전략을 위한 미국 ETF 활용

ETF를 활용해 헤지 전략을 구현할 수도 있다. 주식 시장의 하락에 대한 헤지를 위해 특정 지수에 연결된 인버스 ETF를 활용하는 것이 일반적이다. 예를 들어, S&P500 지수에 연결된 인버스 ETF를 보유함으로써 시장 하락에 대한 손실을 일부 헤지할 수 있다.

수치적인 부분을 예로 들면, 투자자가 S&P500 지수에 연결된 인버스 ETF를 10% 비중으로 보유한다고 가정해보자. 주식 시장이 10% 하락하면 인버스 ETF는 대략 10% 상승하므로 포트폴리오의 전체적인 손실을 완화할 수 있다. 이를 통해 주식 시장의 리스크를 헤지하고 포트폴리오의 안정성을 유지할 수 있다.

• 미국 달러 헤지 ETF : 미국 주식에 투자하면서 환율 리스크를 헤지하려는 투자자는 미국 달러 헤지 ETF를 고려할 수 있다. 이러한 ETF는 미국 주식에 투자하면서 외환 리스크를 최소화하는 데 도움을 준다.

ex. [261260] KODEX 미국달러선물 인버스2X

• 금 헤지 ETF : 금값 상승에 대한 헤지를 원하는 투자자는 금 헤지 ETF를 활용할 수 있다. 이러한 ETF는 주식 포트폴리오와 함께 금에 투자함으로써 금값 상승으로부터의 이익을 추구할 수 있다.

ex. SPDR Gold Trust(GLD)

• 금리 헤지 ETF : 채권 투자자들은 금리 헤지 ETF를 활용해 이자율 상승에 따른 채권 가격 하락에 대한 헤지를 할 수 있다. 이러한 ETF는 채권 투자에 대한 금리 리스크를 완화한다.

ex. Interest Rate Hedge ETF(RATE))

• 시장 헤지 ETF : 특정 지역 또는 시장의 리스크를 줄이려는 투자자는 시장 헤지 ETF를 고려할 수 있다. 예를 들어, 미국 시장 헤지 ETF는 미국 주식 투자자가 미국 시장 외 리스크를 헤지하는 데 도움을 줄 수 있다.

ex. ProShares Short S&P 500(SH))

미국 ETF를 활용한 리스크 관리와 헤지 전략은 리스크 허용 수준을 고려해 적절한 ETF를 선택하고 포트폴리오를 구성하는 것이 중요하다. 리스크관리와 헤지전략은 ETF 거래뿐만 아니라 개별 주식을 거래에서도 보유종목 리스크 상쇄를 위해 사용할 수 있는 전략이니 참고하도록 하자.

미국 ETF 활용 방안: 세금 효율적인 투자 전략

미국 ETF는 세금 효율적인 투자 전략을 위한 유용한 도구다. 이는 ETF의 운용 방식과 구조적인 특성으로 설명된다. 미국에서는 ETF가 주식 형태로 거래되기 때문에 매매 과정에서 발생하는 세금 부담이 상대적으로 적다. 또한, ETF의 운용사가 세금 효율성을 고려해 포트폴리오를 관리하고 배당금 재투자 기능을 제공함으로써 세금 부담을 최소화할 수 있다.

수치적인 부분을 예로 들어보면, 투자자가 개별 주식에 직접 투자하고 그 주식들이 상승해 자산 가치가 증가한 경우를 가정해보자. 투자자가 주식을 매도해 이익을 얻을 때는 해당 이익에 대해 세금을 납부해야 한다. 반면에, 미국 ETF에 투자한 경우에는 주식을 직접 매수·매도하지 않고 ETF 소유권만 가지고 있기 때문에 세금 부담이 감소한다. 투자자는 ETF의 소유권을 유지하고 있는 동안에는 세금을 납부할 필요가 없으며, 소득을 얻을 때까지 세금을 미룰 수 있다.

또한, 미국 ETF는 세금 효율적인 배당금 재투자 기능을 제공한다. 일반적으로 배당금은 받을 때마다 세금을 납부해야 한다. 하지만 일부 ETF는 배당금을 자동으로 재투자해 추가 주식을 구매하는 기능을 제공한다. 이를 통해 배당금에 대한 세금을 미루고 재투자해 성장 잠재력을 높일 수 있다.

미국 ETF를 활용한 세금 효율적인 투자 전략은 투자자들에게 세금 부담을 최소화하면서도 장기적인 성과를 추구할 방법을 제공한다. 자신의 세금 상황과 목표에 맞는 ETF를 선택하고, 배당금 재투자 기능을 활용해 세금 효율성을 극대화할 수 있다.

미국 ETF는 저렴한 비용 구조를 가지고 있어 투자자들에게 많은 혜택을 제공한다. 일반적으로 ETF의 비용은 기존의 상장지수펀드보다 낮으며, 이는 ETF의 운용 방식과 거래 특성에 기인한다. ETF는 종류별로 다양한 지수를 추종하고 있으며, 이를 통해 투자자들은 저렴한 비용으로 다양한 자산 클래스에 투자할 수 있다.

수치적인 부분을 예로 들어보면, 투자자가 10,000달러를 투자해 S&P500 지수를 추종하는 ETF와 개별 주식을 보유하는 경우를 생각해보자. ETF의 비용이 연간 0.1%라고 하고, 개별 주식의 매매 수수료와 관리 수수료가 모두 1%라고 가정해보자. 10년 동안 투자한 경우, ETF의 비용은 100달러로 유지되지만, 개별 주식의 비용은 1,000달러로 총 10,000 달러에 이를 것이다. 이러한 비용 차이는 장기적인 투자 수익에 큰 영향을 미칠 수 있다.

또한, ETF는 거래 편의성과 유동성을 제공해 투자자들에게 편리한 투자 환경을 제공한다. ETF는 거래소에서 쉽게 매매될 수 있으며, 실시간으로 가격 정보를 제공한다. 이는 투자자들이 원하는 시점에 ETF를 매수하거나 매도할 수 있도록 해준다. 또한, ETF는 일반적으로 거래량이 많고 시장 유동성이 높아 투자자들이 원하는 만큼의 자금을 투입할 수 있다.

미국 ETF는 투자자들에게 저렴하고 효율적인 투자 도구 역할을 해 포트폴리오의 다변화와 리밸런싱, 시장 전망에 따른 섹터 및 주제별 투자 등 다양한 투자 전략을 실현할 수 있다. 이를 통해 투자자들은 비용을 절감하고 투자 수익을 극대화할 수 있다.

2. ETF 투자를 위한 매크로 분석

금리 변화 분석

금리는 자본 시장의 근간이며 금리와 수익률의 개념을 통해 자본 시장이 탄생했다고 봐도 무방하다. 금리는 자본 대여관계에서 발생하는 자본 증가 비율을 나타내기 때문에 인플레이션과도 매우 밀접해 금리수익률은 투자 수익률의 상대적 비교 기준이 된다. 현대 사회에서는 각국 중앙은행들이 기준금리를 정책적으로 결정함에 따라 설정되며 이를 기준으로 시중은행들은 이자 지급과 대출금리 설정을 진행한다.

금리 변화의 영향은 주식 시장, 채권 시장 및 외환 시장 등 다양한 자산 클래스에 영향을 미친다. 일반적으로 금리가 상승하면 채권 수익률도 상승하게 되어 채권 투자의 수익이 증가할 수 있다. 이로 인해 주식 시장에서는 채권 대비 주식의 매력이 상대적으로 낮아질 수 있으며, 주식 시장에 자금이 유입되는 경향이 나타날 수 있다.

또한, 금리 상승은 대출 환경을 악화시킬 수 있으며, 이는 기업의 이익에 영향을 미칠 수 있다. 기업의 자금 조달 비용이 증가하면 이익이 하락할 수 있으며, 이는 주식 시장에서 기업 가치에도 영향을 줄 수 있다.

금리 변화는 또한 통화가치에도 영향을 미친다. 일반적으로 금리 상승 시 해당 국가 채권 투자 자금 유입의 영향으로 통화가치가 상승할 수 있으며 외국인 투자자에게는 투자 매력이 높아지는 요인이 될 수 있다.

투자자가 금리분석에서 집중할 수치적인 부분은 금리 변화의 크기와 속도, 이전과 이후의 금리 수준 분석이다. 예를 들어, 중앙은행의 기준 금리가 0.25%에서 0.5%로 상승한다면, 이는 0.25%의 금리 상승을 의미한다. 또한, 금리 상승이 예상되는 시기와 그에 따른 시장의 반응도 분석한다.

이러한 금리 변화를 모니터링하기 위한 가장 손쉬운 방법은 선물거래소 CME의 FED Watch 금리선물 모니터링이다.

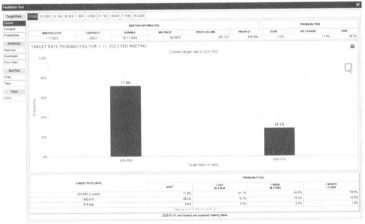

〈FF 금리 선물시장 금리전망 현황, CME FED Watch〉

금리 결정 시점별 예상 금리에 대한 시장투자자들의 베팅 현황을 볼 수 있다. 본 차트를 통해 시장의 실질적인 투자자들이 연준의 금리 플랜에 대해서 어떻게 전망해 투자에 반영하고 있는지를 가장 직접적으로 볼 수 있다.

자본 시장 참가자들은 금리 변화와 관련된 정보를 주시하고, 이를 분석해 투자 전략을 조정할 수 있다. 금리 변화는 자본 시장 동향의 핵심적인 요소 중 하나이므로, 이를 신중하게 분석하고 활용하는 것이 중요하다.

통화 등락 분석

통화가치와 자본 시장 동향 사이에는 상관관계가 존재한다. 통화가치는 해당 국가의 통화의 가치를 나타내는 것으로, 외환 시장에서의 수요와 공급에 의해 결정된다. 자본 시장 동향은 주식, 채권, 부동산 등의 자본 자산 가격과 관련된 것으로, 투자자들의 수요와 판매에 의해 형성된다. 이러한 두 가지 요소 사이에는 다음과 같은 상관관계가 있을 수 있다.

경제 성장과 통화가치: 경제 성장이 강할 경우 외국인 투자의 유입이 증가하고, 이로 인해 해당 국가의 통화 수요가 증가할 수 있다. 이는 통화가치의 상승을 도모할 수 있다. 반대로 경제 성장이 약할 경우, 통화 수요가 감소하고, 통화가치가 하락할 수 있다.

금리와 통화가치: 금리 수준은 외국인 투자의 중요한 결정 요소다. 일반적으로 높은 금리 수준은 해당 국가의 통화에 대한 수요를 증가시킨다. 따라서 해당 국가의 통화가치가 상승할 수 있다. 반대로 낮은 금리 수준은 통화에 대한 수요를 감소시켜 통화가치가 하락할 수 있다.

외환 시장과 자본 시장

외환 시장에서의 통화가치 변화는 자본 시장에 영향을 줄 수 있다. 예를 들어, 해당 국가의 통화가치가 상승하면 외국인 투자자들이 해당 국가의 자본 시장으로 자본을 유입할 가능성이 커진다. 이는 자본 시장의 주가 상승이나 채권 가격 상승과 연결될 수 있다.

통화가치 변동성과 자본 시장

통화가치의 변동성이 높을 경우 자본 시장에서 불확실성이 증가할 수 있다. 이는 주식 및 채권 가격의 변동성 증가를 가져올 수 있다. 투자자들은 통화가치의 변동성을 고려해 자본 시장에서의 리스크 관리 및 포트폴리오 구성에 영향을 받을 수 있다.

이러한 상관관계는 이론적인 가정을 기반으로 하며, 실제로는 다양한 요인과 상황에 따라 달라질 수 있다. 따라서 통화가치와 자본 시장 동향의 상관관계를 분석할 때는 다양한 경제 지표와 자산 가격 데이터를 종합적으로 고려해 수치적인 분석을 수행해야 한다.

중앙은행 정책 분석

중앙은행 정책과 자본 시장은 밀접한 상호작용을 가지고 있다. 중앙은행은 통화량 조절, 금리 결정 등의 정책 수단을 통해 경제의 안정과 가격 안정을 추구하며, 이는 자본 시장에 직간접적인 영향을 미칠 수 있다. 이를 자세히 살펴보면 다음과 같다.

금리 정책과 자본 시장

중앙은행은 주로 기준금리를 조절해 자본 시장에 영향을 준다. 금리 인상은 자본 시장의 이자율 상승과 주가 하락을 초래할 수 있다. 투자자들은 높은 이자율에 대한 부담과 채권 고 이자의 선호 경향으로 주식 시장에서의 투자 활동을 저하시킬 수 있다. 반대로 금리

인하는 자본 시장의 이자율 하락과 주가 상승을 유도로 투자 활동을 촉진시킬 수 있다.

양적 완화 정책과 자본 시장

중앙은행이 양적 완화 정책을 시행할 경우, 자본 시장에 큰 영향을 미칠 수 있다. 양적 완화는 주로 정부 채권의 매입을 통해 통화량을 증가시키는 정책이다. 이로 인해 자본 시장에서의 유동성이 증가하고, 주가 상승 및 채권 가격 상승을 유도할 수 있다.

통화 평가와 환율 변동

중앙은행의 정책은 통화가치에도 영향을 미친다. 중앙은행의 금리 인상 시 해당 국가의 통화가치가 상승할 수 있으며, 이는 외국인 투자자들의 유입과 함께 자본 시장에서의 주가 상승을 초래할 수 있다. 또한, 통화 평가 변동은 수출입 기업에 영향을 미쳐 자본 시장에서의 성과와 투자 활동에도 영향을 미칠 수 있다.

정책 발표와 시장 변동성

중앙은행의 정책 발표는 자본 시장에서의 변동성을 초래할 수 있다. 정책 방향이 예상과 일치하면 변동성은 상대적으로 낮을 수 있지만, 예상과 다른 방향으로 나오면 시장 변동성이 심하게 증가할 수 있다. 이러한 변동성은 자본 시장 참가자들에게 투자 의사결정에 영향을 줄 수 있다.

이처럼 중앙은행 정책과 자본 시장은 서로 밀접한 관계를 맺고 있다.

이를 분석할 때는 정책 변화와 자본 시장 지표 간의 상관관계를 분석하고, 시장의 반응과 변동성을 살펴봐야 한다. 수치적인 부분은 실제 데이터를 통해 상관관계를 분석하는 것이 중요하다.

자본 유동성 분석

자본 유동성과 자본 시장 동향 사이에는 밀접한 연관성이 있다. 자본 유동성은 시장에 투입되는 자금의 양과 유동성을 의미하며, 자본 시장 동향은 주식 시장이나 채권 시장의 가격 움직임을 나타낸다. 이 두 요소는 서로 영향을 주고받으며 다음과 같은 관련성을 가질 수 있다.

유동성과 주가

자본 유동성의 증가는 자본 시장에서 주식 시장의 수요를 증가시킬 수 있다. 투자자들이 보유한 자금이 많을수록 주식 매수 수요가 증가하고, 이는 주식 시장에서 주가 상승을 초래할 수 있다. 반대로 자본 유동성의 감소는 주식 시장에서 판매 압력을 유발해 주가 하락으로 이어질 수 있다.

유동성과 채권 시장

자본 유동성의 변화는 채권 시장에도 영향을 미칠 수 있다. 유동성의 증가는 채권 시장에서 채권 가격의 상승과 이자율의 하락을 유발할 수 있다. 이는 투자자들이 안정적인 수익을 추구하며 채권에 투자하는 경향을 증가시킬 수 있다. 반대로 유동성의 감소는 채권 시장에서 채권 가격의 하락과 이자율의 상승을 초래할 수 있다.

유동성과 거래량

자본 유동성은 거래량과도 관련이 있다. 유동성이 높을수록 거래량이 증가할 가능성이 크다. 투자자들이 자금을 쉽게 유입하고 인출할 수 있는 환경에서는 거래 활동이 활발하게 이루어질 수 있다. 이는 자본 시장에서 거래량의 증가와 함께 시장 동향을 형성하는 데 영향을 미칠 수 있다.

위와 같은 관련성을 분석하기 위해서는 수치적인 데이터를 활용할 수 있다. 우선, 자본 유동성 지표와 주가, 채권 가격, 거래량 등의 데이터를 수집한다. 이후, 상관관계를 분석하고, 유동성 변화가 자본 시장 동향에 어떤 영향을 미치는지를 측정할 수 있다. 이러한 분석은 투자자들이 자본 유동성의 변화를 예측하고 그에 따른 투자 전략을 수립하는 데 도움을 줄 수 있다.

경기 사이클 분석

경기 사이클과 자본 시장 동향은 서로 긴밀하게 연결되어 있다. 경기 사이클은 경제의 확장과 침체로 구성되며, 자본 시장은 이러한 경기 사이클에 따라 영향을 받는다. 아래 경기 사이클과 자본 시장 동향의 예측 방법에 대해 살펴보자.

경제 지표 분석

경기 사이클과 자본 시장 동향을 예측하기 위해 경제 지표를 분석하는 것이 중요하다. GDP 성장률, 실업률, 소비자 신뢰 지수, 생산자 신뢰 지수 등과 같은 경제 지표는 경기 사이클의 변화를 파악하는 데 도움을 줄 수 있다. 이러한 경제 지표 변화는 자본 시장에 영향을 미칠 수 있으며, 예측 모델을 통해 해당 지표의 추세를 분석해 자본 시장 동향을 예측할 수 있다.

기업 실적 분석

기업의 실적은 자본 시장 동향 예측의 중요 요소다. 기업의 매출액, 순이익, 주가 수익비율 등을 분석해 기업의 성장 가능성과 경기 사이클에 대한 민감도를 평가할 수 있다. 투자자는 기업의 실적을 분석해 적합한 투자 전략을 수립하고 자본 시장의 동향을 파악할 수 있다.

기술적 분석

기술적 분석은 자본 시장 동향을 예측하는 데 활용되는 다른 방법이다. 주가 차트, 이동 평균선, 상대 강도 지수(RSI) 등의 기술적 분석 도구를 사용해 과거 패턴과 흐름을 분석하고, 이를 바탕으로 자본 시장의 향후 동향을 예측한다.

애널리스트 칼럼 및 리서치 보고서

자본 시장 애널리스트들의 의견과 리서치 보고서는 경기 사이클과 자본 시장 동향을 분석하는 데 도움을 줄 수 있다. 금융기관이나 투자 은행에서 제공하는 리서치 보고서는 경제 전망, 산업 동향, 투자 전략 등을 다양한 관점에서 분석하고 제공한다. 이러한 전문가의 의견과 보고서는 투자자가 자본 시장 동향을 예측하고 투자 전략을 수립하는 데 도움이 될 수 있다. 다만, 유념할 부분은 실제로 자료들을 모니터링하다 보면 하나의 상품을 두고 주요기관 애널리스트들의 의견이 상이한 경우는 셀 수 없이 많다. 따라서 특정 1~2개의 보고서만으로 시장을 단정 짓기보다는 그들의 논리전개 방식에 대한 비판적 시각과 데이터에 기반한 자체적인 분석 능력을 꾸준히 향상시킬 필요가 있다.

투자자 심리 분석

자본 시장 동향을 예측하는 데에는 투자자들의 감성과 심리 요인도 고려되어야 한다. 이는 주식 시장의 흐름을 파악하고, 투자자들의 행동과 반응을 이해하는 데 도움을 줄 수 있다. 소셜미디어, 뉴스 기사, 투자자 포럼 등에서 투자자들의 의견과 감성을 파악해 자본 시장 동향을 예측하는 데 활용할 수 있다.

수치적인 부분에서는 경기 사이클 예측에는 GDP 성장률, 소비 지출, 투자 지출 등과 같은 경제 지표를 분석한다. 자본 시장 동향 예측에는 주가 수익비율, 주가지수 등과 같은 자본 시장 데이터를 활용한다. 이러한 데이터를 통해 경기 사이클과 자본 시장 동향의 관계를 파악하고 예측하는 데 활용할 수 있다.

글로벌 경제 분석

글로벌 자본 시장 동향과 주식 시장 동향은 긴밀하게 연관되어 있으며,

상호 영향을 주고받는다. 본 상호 영향이 어떻게 이루어지는지 알아보자.

영향 요소 분석

글로벌 자본 시장 동향은 전 세계적인 경제 상황, 정치적 이슈, 기업 실적 등 다양한 요소에 영향을 받는다. 주식 시장 동향은 기업의 성과, 경기 사이클, 투자 심리 등에 의해 영향을 받는다. 이러한 영향 요소를 분석해서 두 시장의 동향을 비교하고 예측하는 것이 중요하다.

수익률 비교

글로벌 자본 시장은 다양한 자산 클래스를 포함하고 있으며, 주식 시장은 주식에 투자하는 자산 클래스를 의미한다. 이들의 수익률을 비교 분석해 어느 시장이 더 우수한 성과를 보이는지 평가할 수 있다. 글로벌 자본 시장의 수익률은 다양한 자산의 평균 수익률을 반영하므로 주식 시장의 수익률과 비교해 어떤 자산 클래스가 우세한지 분석할 수 있다.

상관관계 분석

글로벌 자본 시장과 주식 시장의 동향은 서로 상관관계를 가지고 있다. 이를 통해 한 시장의 동향이 다른 시장에 미치는 영향을 분석할 수 있다. 상관관계 분석을 통해 글로벌 자본 시장 동향과 주식 시장 동향의 유사성과 차이점을 파악하고 예측하는 데 활용할 수 있다.

지역별 분석

글로벌 자본 시장은 다양한 지역의 시장을 포함하고 있다. 주식 시장도 지역별로 다양한 특성을 가지고 있다. 각 지역의 경제 상황, 정치적 이슈, 산업 구조 등을 분석해 글로벌 자본 시장과 주식 시장의 동향을 비교하고 예측하는 데 활용할 수 있다.

수치적인 부분에서는 글로벌 자본 시장과 주식 시장의 수익률, 주가지수, 거래량 등을 분석해 비교할 수 있다. 이러한 데이터를 활용해 두 시장의 동향을 수치적으로 분석하고 예측하는 데 도움을 줄 수 있다.

주요 경제 지표 분석

자본 시장 동향 분석에 사용되는 주요 지표와 경제 지표에 대해 알아보자. 이러한 지표들은 자본 시장의 상황을 파악하고 예측하는 데 도움을 줄 수 있다. 다음은 일반적으로 사용되는 몇 가지 주요 지표와 경제 지표이다.

주가 지수

주가 지수는 특정 시장이나 섹터의 주식 가격 변동을 나타내는 지표이다. 대표적인 주가 지수로는 S&P500, Dow Jones Industrial Average, NASDAQ Composite 등이 있다. 이러한 지표는 해당 시장 또는 섹터의 주가 동향을 파악하는 데 사용된다.

이자율

이자율은 금리 변동을 나타내는 지표로, 중앙은행의 정책 결정과 경제 상황에 영향을 받는다. 이자율은 경기 전망, 통화가치, 인플레이션 등을 예측하는 데 사용된다. 주요 이자율 지표로는 연방준비제도(Fed)의 기준금리인 연방기금금리(Federal Funds Rate)와 국채 수익률이 있다.

경제 성장률

경제 성장률은 국내총생산(GDP)의 연간 변화율로, 경제의 건강 상태와 성장 가능성을 나타내는 지표다. 경제 성장률은 경기 사이클과 관련이 있으며, 높은 성장률은 자본 시장에 긍정적인 영향을 미칠 수 있다.

실업률

실업률은 경제에서 고용 상황을 나타내는 지표이다. 실업률의 변동은 소비자 지출, 기업 이익, 경기 전망 등에 영향을 미칠 수 있으며, 자본 시장에 대한 영향도 가질 수 있다.

소비자 심리 지수

소비자 심리 지수는 소비자들의 경제에 대한 신뢰와 소비 의사 결정에 영향을 미치는 지표다. 소비자들의 경기 전망, 소비 동향 등을 파악하는 데 사용된다. 대표적인 소비자 심리 지수로는 미국의 Conference Board 소비자 심리 지수와 미시간대학교 소비자 심리 지수가 있다.

이러한 주요 지표와 경제 지표는 자본 시장 동향 분석에 활용될 수 있다. 예를 들어, 주가 지수의 상승 또는 하락, 이자율의 변동, 경제 성장률의 변화 등은 투자 결정에 영향을 미칠 수 있다. 이러한 지표들을 종합적으로 분석하고 해석해 투자 전략을 수립하는 것이 중요하다. 수치적인 부분은 각 지표의 값과 통계적인 분석을 통해 구체화될 수 있다.

시장 동향 분석의 한계와 주의사항

자본 시장 동향 분석은 투자 결정에 도움을 주는 중요한 도구이지만, 일부 한계와 주의사항이 있다. 다음은 자본 시장 동향 분석의 한계와 주의사항에 대한 설명이다.

불확실성
자본 시장은 불확실하고 예측하기 어려운 특성을 가지고 있다. 경제, 정치, 기업 실적 등 다양한 요인이 시장에 영향을 미칠 수 있으며, 예측이 어렵다는 점을 인지해야 한다.

과거 성과와 미래 성과의 차이
과거의 자본 시장 동향은 미래에 반드시 반복되지 않을 수 있다. 따라서 과거 데이터만을 기반으로 투자 결정을 내리는 것은 적절하지 않을 수 있다.

데이터 제한
자본 시장 동향 분석에 사용되는 데이터는 제한적일 수 있다. 데이터의 완전성, 정확성, 신뢰성 등을 고려해야 하며, 다양한 데이터 소스와 분석 방법을 활용해 편향성을 줄이는 것이 중요하다.

시장 조작 가능성

자본 시장에서는 시장 조작 등의 부정한 행위가 발생할 수 있다. 이러한 행위는 시장 동향을 왜곡시킬 수 있으므로, 이를 감안해 분석 결과를 해석해야 한다.

인과 관계의 한계

자본 시장 동향 분석은 주로 통계적인 관계를 기반으로 한다. 그러나 인과 관계를 명확히 확인하기 어려울 수 있으며, 다양한 요인이 복합적으로 작용해 시장 동향을 형성하는 경우가 많다.

따라서 자본 시장 동향 분석을 활용할 때는 이러한 한계와 주의사항을 고려하고, 다양한 정보와 전문가의 의견을 종합해 신중한 판단을 내리는 것이 필요하다.

Portfolio&Risk

미시적 거래가 익숙한 개인들은 계좌에 종목이 담기면

모두 포트폴리오라고 생각한다.

포트폴리오는 사전에 계산되어야 하며 거래빈도가 낮을수록 유리하다.

마트 물건구매 보다는 건축설계에 가깝다.

Chapter 5

포트폴리오와 리스크 관리

1. 리스크의 종류와 대처 방법

시장 리스크

주식 시장은 불안정성과 변동성이 높은 자산 클래스로 알려져 있다. 주식 시장에서의 리스크는 여러 가지 요인으로 인해 발생할 수 있다. 이를 살펴보면 다음과 같다.

시장 리스크

주식 시장은 경제적, 정치적, 기업 실적 등의 다양한 요인에 의해 영향을 받는다. 이러한 요인들이 변동성을 증가시키고, 주식 시장에 불안정성을 가져올 수 있다. 경기 침체, 금리 변동, 정책 변화, 지역적 불안정 등과 같은 요인들은 주식 시장의 리스크를 증가시킬 수 있다.

기업 리스크

기업의 경영 성과, 재무 상태, 경영진의 역량 등은 주식 시장에서 중요한 요소다. 기업의 부실, 적정한 재무 구조 부재, 경영진의 부적절한 의사 결정 등은 해당 기업의 주식 가치에 부정적인 영향을 미칠 수 있다.

변동성 리스크

주식 시장은 일시적이고 갑작스러운 변동성을 경험할 수 있다. 이는 주식 가격의 급격한 상승 또는 하락으로 표현될 수 있으며, 투자자들의 심리적인 영향을 받아 리스크를 증가시킬 수 있다. 주식 시장의 변동성은 주로 주식 시장 지수의 변동성을 통해 측정된다.

시장 리스크를 축소하기 위해서는 단일시장 혹은 단일 종목에서 발생하는 단기 혹은 일시적 변동성의 비중을 낮춰야 한다. 이슈의 충격을 최소화하기 위한 최선의 방법은 포트폴리오의 다변화이다. 종목의 다변화, 국가의 다변화가 진행될수록 단일 이슈에 의한 리스크로 나의 자산이 감소하는 비중을 축소할 수 있다.

주식 시장의 불안정성과 변동성에 대한 수치적인 부분은 시장 지수의 변동성, 표준편차, 변동성 지표 등을 활용해 분석할 수 있다. 이러한 지표들은 주식 시장의 변동성과 리스크 수준을 평가하고, 투자자들이 적절한 리스크 관리 방안을 구성하는 데 도움을 줄 수 있다. 투자자는 이러한 수치적인 지표와 함께 기업의 실적, 경제 동향, 시장 조건 등을 고려해 투자 결정을 내리는 것이 중요하다.

신용 리스크

신용 리스크란, 기업의 채무 상환 능력의 문제로 기업이 재무적 문제에 처해 기업의 주가에 악영향을 미치는 상황을 의미한다. 저 신용도 기업의 경우 사업이 정상 운영될 때는 문제가 없지만, 단기 적자가 발생하거나 경제위기 등의 시점에서 채권상환 문제 등이 쉽게 발생할 수 있다. 이 시점에 주가에 큰 타격을 받거나 크게는 상장폐지 혹은 파산의 위기에 처할 수 있다.

이러한 신용 리스크를 최소화하기 위해서는 기업 혹은 국가의 채무 상환 능력, 즉 신용 리스크를 고려해야 한다. 채무 상환 능력은 재무 상태, 이익성, 현금 흐름 등을 평가해 판단할 수 있다.

기업의 신용 리스크를 평가하는 주요 지표로는 신용평가사의 등급이 있다. 주요 신용평가사인 Standard & Poor's (S&P), Moody's, Fitch Ratings 등은 기업의 신용등급을 평가해 발표한다. 등급은 일반적으로 AAA, AA, A, BBB, BB, B, CCC 등으로 분류되며, 등급이 낮아질수록 기업의 신용 리스크가 증가한다. 이러한 등급은 투자자들이 기업의 신용 리스크를 파악하는 데 도움을 준다.

기업 신용도는 블룸버그 터미널 등 기관플랫폼에서 쉽게 접근 가능하다. 그러나, 개인 투자자가 기업의 신용도를 조회하기는 쉽지 않기에 간접적인 방법은 아래 사이트들을 이용하는 방법이 있다.

Guru Focus

https://www.gurufocus.com/term/EBIT_per_share/AAPL/EBIT-per-Share/Apple

신용등급 조회 외에도 기업의 재무제표 분석을 통해 신용 리스크를 판단할 수 있다. 재무제표에서는 기업의 자산, 부채, 현금 흐름 등을 확인할 수 있으며, 이를 기반으로 기업의 재무 건전성을 평가할 수 있다. 예를 들어, 기업의 부채 비율이 높고 현금 흐름이 부족하다면 신용 리스크가 높을 수밖에 없다. 물론 자금 조달을 통해 막을 수도 있겠지만 이것은 신용 리스크를 건 도박이다.

수치적인 부분을 살펴보면, 기업의 재무제표에서는 다양한 지표를 확인할 수 있다. 이 중 일반적으로 사용되는 지표로는 부채비율, 당좌비율, 이자보상배율 등이 있다. 이러한 지표들은 기업의 재무 건전성과 채무 상환 능력을 판단하는 데 도움을 준다. 예를 들어, 부채비율이 낮고 당좌비율이 높으면 기업의 재무 건전성이 좋다고 판단할 수 있다.

전반적으로, 미국 주식 투자 시에는 기업의 채무 상환 능력을 고려해 신용 리스크를 분석하는 것이 중요하다. 이를 위해 신용평가사의 등급, 기업의 재무제표 분석, 수치적인 지표 등을 활용할 수 있다. 이러한 분석을 통해 기업의 신용 리스크를 파악하고 적절한 투자 결정을 내릴 필요가 있다.

통화 리스크

미국 주식 투자 시에는 통화 리스크, 특히 환율 변동에 대한 주의가 필요하다. 환율은 한 통화 단위로 다른 통화를 얼마나 구매할 수 있는지를 나타낸다. 따라서 통화 리스크는 투자자가 미국 주식을 보유하고 있을 때 해당 통화의 가치 변동에 따라 투자 가치가 변동할 수 있다는 의미다.

투자했던 미국 주식 혹은 ETF의 가격이 상승해 수익을 내더라도 환율 등락으로 인한 손익 변화가 투자자의 손익을 변화시킬 수 있다. 환율은 상대적으로 안정적인 원/달러를 기준으로 하더라도 1100원 이하에서 1300원 이상까지도 변동한다. 변동 기간도 짧기 때문에 1분기 내에도 10% 이상 손익을 발생시킬 수 있다. 즉, 주식으로 1분기 동안 8% 손실이 나더라도 환율에서 10%의 수익으로 계좌가 수익이 되거나 반대로 손실이 날 수 있다.

환율 변동은 다양한 요인에 의해 발생할 수 있다. 주요 요인으로는 경제 성장률, 금리 변동, 정치적 불안정성, 무역 정책 등이 있다. 이러한 요인들은 각각 통화의 수요와 공급에 영향을 미치며, 따라서 환율에 변동을 초래할 수 있다.

통화 리스크에 대처하는 방법으로는 환 헤지(Currency Hedging)가 있다. 환 헤지는 통화 변동의 영향을 최소화하기 위해 파생상품이나 통화 스왑 등을 활용해 환전 리스크를 보호하는 전략이다. 투자자는 환 헤지 전략을 통해 투자 자산의 환율 변동에 따른 손실을 줄일 수 있다.

통화 리스크는 특정 통화에 노출되는 투자를 할 때 발생하므로, 다양한 통화로 구성된 포트폴리오를 가짐으로써 리스크를 분산시킬 수 있다. 다만, 이 경우 여러 통화상품을 거래하는 과정에서 환전수수료 등의 비용이 수익률보다 높아질 수 있다. 또한, 다국가의 상품에 대해 이해하기는 쉽지 않기 때문에 주요지수 등 상품이해 난이도가 높지 않은 상품에 한정해 투자하자.

미국 주식 투자 시 환율 변동에 대한 인지가 필요하며, 환 헤지나 포트폴리오 다양화와 같은 전략을 고려해 투자 결정을 내릴 필요가 있다. 통화 리스크 관리를 통해 안정적이고 효율적인 미국 주식 투자를 할 수 있다.

시스템 리스크

시스템 리스크는 금융시스템의 안정성에 대한 리스크를 의미하며, 금융 위기나 시스템적 충격이 주식 시장에 영향을 미칠 수 있다.

금융시스템의 안정성은 여러 요소에 의해 영향을 받을 수 있다. 예를 들어, 금융기관의 건전성, 시장의 유동성, 규제정책, 금리 변동성 등이 시스템 리스크에 영향을 미치는 주요 요인이다. 이러한 요소들은 금융시스템의 안정성을 증진시키거나 약화시킬 수 있으며, 이에 따라 주식 시장에 변동성이 발생할 수 있다.

금융시스템의 안정성에 대한 측정은 다양한 방법으로 이루어질 수 있다. 예를 들어, 금융기관들의 자본 강도, 부실채권의 비율, 시장의 유동성 지표 등을 분석해 시스템의 안정성을 평가할 수 있다.

또한, 금융시스템에 대한 정책 변화나 규제 변화도 주식 시장에 영향을 미칠 수 있다. 예를 들어, 금융 위기에 대한 정부의 조치나 금융 규제 강화 등은 주식 시장에 변동성을 초래할 수 있다. 따라서, 투자자들은 금융시스템의 안정성과 관련된 정책 변화를 주시하고, 이를 투자 결정에 반영해야 한다.

시스템 리스크를 관리하기 위해서는 금융시스템에 대한 깊은 이해와 지속적인 모니터링이 필요하다. 투자자들은 금융기관들의 건전성 보고서나 시장의 유동성 지표, 정부 정책 방향성 등을 주시하고, 이를 통해 금융시스템의 안정성을 파악해야 한다. 또한, 포트폴리오의 다변화와 리스크 관리 전략의 적용도 중요하다. 특정 기업이나 업종에만 집중된 투자를 피하고, 다양한 자산군에 분산해 투자하는 것이 시스템 리스크에 대한 방어적인 전략이 될 수 있다. 이처럼, 시스템 리스크는 주식 시장에 영향을 미치는 중요한 요소다. 투자자들은 금융시스템의 안정성을 분석하고, 이를 토대로 투자 결정을 내리는 것이 중요하다.

이벤트 리스크

미국 주식 시장에서는 이벤트 리스크에 대한 주의가 필요하다. 이벤트 리스크는 예기치 않은 사건이 주식 시장에 미치는 영향을 의미하며, 이는 주식 시장의 변동성을 증가시킬 수 있다.

이벤트 리스크는 다양한 형태로 나타날 수 있다. 예를 들어, 정치적 이벤트(선거, 정책 변화), 경제적 이벤트(금리 변동, 경기 전망), 기업 이벤트(긍정적 또는 부정적인 재무 실적 발표) 등이 이에 해당된다. 이러한 이벤트들은 예측하기 어렵고, 주식 시장에 갑작스러운 변동을 초래할 수 있다.

이벤트 리스크의 영향은 주식 시장 지수나 개별종목 가격 등을 통해 확인할 수 있다. 그러나, 정치적 리스크의 특징은 이로 인한 시장변화를 정량화해서 예측하기 어렵다. 예를 들어, 특정 이벤트 발생 시 주가지수가 급락하거나 특정 업종의 종목들이 하락할 수 있다. 그러나, 실제로 기관 애널리스트조차도 이벤트 발생 후에도 이로 인한 시장 타격이 얼마나 클지에 대해서는 의견차가 크다.

이벤트 리스크를 관리하기 위해서는 대부분의 경우 이벤트가 특정 국가 혹은 섹터단위에 한정된다는 점에 대해서 인지할 필요가 있다. 때문에, 다국가 투자 혹은 다변화된 섹터에 투자했을 경우에는 이벤트 리스크의 단기적 충격을 줄일 수 있다. 또한, 이벤트 리스크의 특이점은 이벤트 발생 시점이 예고되어 있는 경우가 많다. 때문에, 주요 정치적 이슈 발생 시점에 미리 자산 비중 축소나 인버스 ETF 등 반대포지션의 보유를 통해 리스크를 헤지할 수 있다.

수치적인 부분에서는 통계 데이터, 경제 지표, 기업 재무제표 등을 활용해 이벤트 리스크를 평가할 수 있다. 예를 들어, 경기 전망을 파악하기 위해 GDP 성장률, 실업률, 소비자 심리지수 등의 경제 지표를 분석하고 예측 모델을 활용할 수 있다. 기업의 재무실적을 분석하기 위해서는 매출액, 순이익, 자본 수익률 등을 살펴봄으로써 기업의 재무 건전성을 평가할 수 있다.

이벤트 리스크에 대한 대비책으로는 다변화된 포트폴리오 구성과 리스크 관리가 중요하다. 다양한 자산군에 분산해 투자하고, 리스크 관리 전략을 적용하는 것이 이벤트 리스크에 대비하는 방법이다. 예를 들어, 주식 투자만 집중하는 것이 아니라 채권, 부동산, 원자재 등의 다른 자산도 투자함으로써 포트폴리오의 다변화를 실현할 수 있다. 또한, 스톱 로스(Stop-loss) 주문 등의 리스크 관리 도구를 활용해 투자 손실을 최소화하는 방법도 있다.

이벤트 리스크에 대한 대응은 예측하기 어렵기 때문에 매 시점에 공통적으로 통하는 절대적인 방어책은 없다. 정보수집 후 현 상황에 대한 논리적 분석, 리스크 관리 전략을 통해 이벤트 리스크에 대비하는 것이 안전성과 수익성 향상에 중요하다.

리스크 관리의 다양한 방법

리스크 관리를 위해 옵션, 선물 및 헤지 상품 도구들을 활용하는 방법이 있다. 이러한 도구들은 미국 주식 시장에서 투자자들이 포트폴리오 리스크를 완화하고 손실을 최소화하는 데 도움을 준다. 각 도구의 특징과 활용 방법은 다음과 같다.

자산군 다변화

주식 외에도 채권, 부동산, 원자재 등 다양한 자산군에 투자해 포트폴리오의 리스크를 분산시킨다. 예를 들어, 주식 시장이 하락할 때 채권이 안정적인 성과를 보일 수 있으며, 원자재 가격 상승으로부터 혜택을 받을 수 있다.

시장 다변화

미국 주식 시장만 아니라 국제 주식 시장에도 투자함으로써 지역별 리스크를 분산시킬 수 있다. 다양한 국가와 산업에 투자해 시장의 변동성을 완화시킬 수 있다.

성장성과 가치 투자의 조합

성장주와 가치주를 조합해 포트폴리오를 구성함으로써 성장성과 안정성을 모두 고려할 수 있다. 성장주는 미래 성장 가능성이 큰 기업에 투자하고, 가치주는 저평가된 기업에 투자해 잠재 가치를 찾아내는 전략이다.

적정한 비중 분배

각 자산에 대한 비중을 적절하게 분배해 포트폴리오의 리스크를 조절한다. 주식과 채권의 비중, 국내와 해외 자산의 비중 등을 고려해 포트폴리오를 구성한다.

옵션

옵션은 주식의 매수 또는 매도를 위한 계약으로, 일정 가격에서 특정 시간 동안 주식을 사거나 팔 수 있는 권리를 제공한다. 주식 시장의 불안정성이나 예상치 못한 변동성에 대비해 옵션을 사용해 포트폴리오의 리스크를 헤지할 수 있다. 예를 들어, 주식을 보유하고 있지만, 가격이 하락할 것을 우려한다면 주가 하락에 대비해 주가 하락 옵션을 보유할 수 있다.

선물

선물 계약은 향후 일정 시점에 주식을 사거나 팔기로 약속하는 계약이다. 선물 계약을 활용해 주식 가격의 변동성에 대비할 수 있다. 예를 들어, 주식 시장이 상승할 것으로 예상되면 주식 선물을 매수해 상승에 대한 이익을 얻을 수 있다.

헤지 펀드

헤지 펀드는 다양한 전략을 활용해 주식 포트폴리오의 리스크를 최소화하고 수익을 극대화하는 펀드이다. 헤지 펀드는 일반적으로 주식 시장과는 반대로 움직이는 전략을 적용해 포트폴리오의 리스크를 완화한다. 예를 들어, 주식 시장이 하락할 때 주가 하락에 대응해 공매도 등의 전략을 사용해 수익을 창출하려고 한다.

이러한 도구들을 활용해 리스크 관리를 할 때, 옵션 및 선물의 가치 평

가 모델이나 헤지펀드의 퍼포먼스 분석 등을 활용할 수 있다. 주가 예측 모델, 변동성 지표, 옵션 가격 모형 등을 사용해 리스크 관리 도구들의 효율적 활용을 돕는 수치적인 방법을 사용할 수 있다. 또한, 자신의 투자 목표와 허용 가능한 리스크 수준에 맞는 도구를 선택하고 포트폴리오를 다변화해 리스크를 분산시키는 것이 중요하다.

2. 자산 배분과 포트폴리오 관리

자산 배분 전략

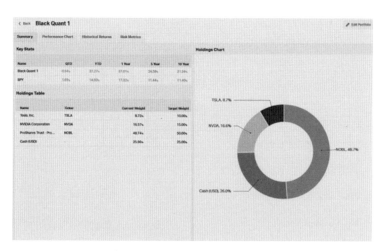

〈저자의 기업 Black Quant 포트폴리오 관리 예시, KOYFIN〉

자산 배분은 포트폴리오 구성에서 주식, 채권, 현금 등 다양한 자산 클래스의 비중을 조정하는 전략이다. 이는 투자자의 투자 목표와 리스크 허용 수준에 맞게 포트폴리오를 조정하고 수익과 리스크를 균형 있게 고려하는 데 도움이 된다. 다음은 자산 배분의 중요성과 전략에 대한 설명이다.

주식, 채권, 현금 등 자산 클래스별 특징

주식, 채권, 현금은 일반적으로 주요한 자산 클래스로 분류된다. 각 자산 클래스는 특징적인 리스크와 예상 수익률을 가지고 있으며, 이를 기반으로 포트폴리오에서의 비중을 조절할 수 있다.

• 주식

주식은 주식 시장에서 상장된 기업의 주식을 보유하는 것을 의미한다. 주식은 하이 리스크를 동반할 수 있으며, 주식 비중이 높을수록 포트폴리오의 변동성이 증가할 수 있다. 주식은 장기적인 성과를 추구하거나 성장 가능성이 있는 기업에 투자하는 데 적합하다.

• 채권

채권은 정부, 기업, 금융기관 등이 발행하는 채무증권을 말한다. 채권은 주식에 비해 상대적으로 낮은 리스크와 수익률을 가지고 있으며, 주식 시장의 변동성을 완화하는 데 사용될 수 있다. 채권은 안정적인 소득을 추구하거나 자본 보호를 위해 포트폴리오에 포함될 수 있다.

• 현금

현금은 현금 예금, 단기 예금증서, 통화 등을 의미한다. 현금은 안정성이 높고 거래 가능성이 빠른 특징을 가지고 있다. 주식이나 채권에 비해 수익률이 낮을 수 있지만, 포트폴리오의 안정성을 높이는 역할을 할 수 있다.

자산 배분 전략

자산 배분은 투자자의 투자 목표와 리스크 허용 수준에 따라 달라질 수 있으나 일반적으로 다음과 같은 자산 배분 전략이 사용된다.

• 고정 비율 자산 배분

미리 정해진 비율로 주식, 채권, 현금 등의 자산 클래스를 구성하는 전략이다. 예를 들어, 60% 주식, 30% 채권, 10% 현금으로 구성할 수 있다. 이러한 비율은 투자자의 리스크 허용 수준과 투자 시장의 특성에 따라 다를 수 있다.

• 변동 비율 자산 배분

시장 상황에 따라 자산 클래스별 비중을 지속해서 변화시키며 포트폴리오를 구성하는 전략이다. 비중 변동 가능 범위를 사전에 설정할 수도 있고 제한 없이 자산의 배분 비중을 큰 폭으로 변화시킬 수도 있다.

자산 배분의 비중은 포트폴리오의 리스크, 변동성, 수익성 등 포트폴리오의 근본적인 표준편차를 결정하기 때문에 자산 배분의 근간이 된다.

포트폴리오 리밸런싱

포트폴리오 리밸런싱은 투자자가 원하는 자산 배분 비율을 유지하기 위해 주기적으로 포트폴리오를 조정하는 과정을 말한다. 주식, 채권, 현금 등으로 구성된 포트폴리오는 시장 변동에 따라 각 자산군의 가치가 상승하거나 하락할 수 있다. 이로 인해 초기에 설정한 자산 배분 비율이 변경될 수 있으며, 이를 다시 조정해 원래의 목표 비율을 유지하는 것이 리밸런싱의 목적이다.

포트폴리오 리밸런싱은 다음과 같은 과정으로 진행된다:

• 리밸런싱 시점 설정

개인과 기관의 가장 큰 차이점은 개인은 리밸런싱에 대한 시점이나 기준이 없이 시시각각 리밸런싱을 실행한다는 점이다. 리밸런싱의 빈도가 잦으면 수익성이 충분히 드러나기 전에 종목을 청산하거나 높은 회전율로 인한 수수료 비율이 증가할 수 있다. 그 때문에 연간 단위 혹은 특정 이벤트 시점에 리밸런싱 일정을 잡아놓고 해당 시점에만 리밸런싱하는 것이 현명하다.

• 자산 배분 비율 설정

투자자는 초기에 원하는 자산 배분 비율을 설정한다. 이는 투자자의 투자 목표, 리스크 허용 수준 등을 고려해 결정된다. 예를 들어, 주식에 60%, 채권에 30%, 현금에 10%의 비중을 할당할 수 있다.

• 주기적인 검토

투자자는 일정한 주기로 포트폴리오를 검토한다. 주기는 개인의 투자 시간프레임과 목표에 따라 다를 수 있다. 일반적으로 3개월, 6개월, 1년에 한 번씩 검토하는 것이 일반적이다.

• 비율 조정

검토 과정에서 초기 자산 배분 비율과 현재 비율을 비교한다. 비율이 크게 변경되었을 경우, 리밸런싱을 통해 원래의 목표에 맞게 재조정한다.

• 리밸런싱 실행

비율 조정 후에는 포트폴리오를 재조정해 원하는 비율을 유지한다. 이는 주식에서 일정 비율의 자산을 팔고, 채권이나 현금으로 재분배하는 과정을 포함할 수 있다.

수치적인 부분에서는 투자자의 포트폴리오 가치와 자산 배분 비율을 계산해 리밸런싱이 필요한지를 판단할 수 있다. 투자자가 설정한 자산 배분 비율과 실제 포트폴리오의 비율을 비교해 일정 범위를 벗어나면 리

밸런싱이 필요한 것으로 간주할 수 있다.

자산 배분은 투자자의 투자 목표, 리스크 허용 수준, 시장 상황 등을 고려해서 결정되어야 한다. 투자자는 투자 상담가와 함께 자산 배분 전략을 구체화하고 개인에게 맞는 포트폴리오를 구성할 수 있다.

효율적 포트폴리오 구성

효율적인 포트폴리오 구성은 위험과 수익의 관계를 고려해 포트폴리오를 최적화하는 과정을 말한다. 이를 위해 수학적 모델과 최적화 기법을 활용해 효율적인 자산 배분을 찾는 방법이 있다. 다음은 포트폴리오 최적화에 대한 설명이며 독자의 수준을 고려해 간략히만 설명하겠다.

위험과 수익의 측정

포트폴리오 최적화를 위해 먼저 위험과 수익을 측정해야 한다. 대표적으로 포트폴리오의 예상 수익률과 변동성을 계산하는 데 사용되는 지표로 평균 수익률과 표준편차를 활용할 수 있다. 또한, 자산 간의 상관관계를 분석해 포트폴리오의 다변동성을 고려할 수도 있다.

효율적 투자선(Efficient Frontier)

효율적 투자선은 위험 수준에 대한 최대 수익률을 제공하는 포트폴리오의 모임을 나타낸다. 현대 사회의 포트폴리오 모델들이 평가 시 도달하고자 하는 목표라고 볼 수 있다. 자산 클래스와 자산 비중의 조합을 시뮬레이션하고, 각 조합에 대한 위험과 수익을 계산한다. 그 후, 마코비츠(Markowitz) 포트폴리오 이론을 통해 효율적 투자선을 도출한다.

최적화 기법(Optimization Techniques)

효율적 투자선을 찾기 위해 최적화 기법을 활용할 수 있다. 대표적인 최적화 기법으로는 평균-분산 모델, Sharpe 비율, 모멘텀 전략, 칼링 및 리밸런싱 등이 있다. 이러한 최적화 기법은 위험과 수익을 적절히 조절해 효율적인 포트폴리오를 구성하는 데 도움을 준다.

수치적 분석(Numerical Analysis)

포트폴리오 최적화를 수치적으로 분석하는 방법으로는 몬테카를로 시뮬레이션, 최적화 알고리즘, 포트폴리오 백테스트 등이 있다. 이러한 분석을 통해 다양한 시나리오에서 포트폴리오의 성과를 평가하고, 최적화 결과를 검증할 수 있다.

수치적인 부분에서는 주어진 데이터와 모델을 기반으로 포트폴리오의 위험과 수익을 계산하고, 최적화 알고리즘을 사용해 효율적인 포트폴리오를 찾는 과정을 수치적으로 분석할 수 있다.

포트폴리오 리스크와 수익률 측정

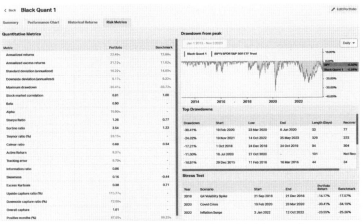

〈필자의 기업 Black Quant 포트폴리오 리스크 관리 예시, KOYFIN〉

포트폴리오의 리스크와 수익률을 측정하는 데 여러 가지 지표가 활용된다. 이러한 지표들은 투자자가 포트폴리오의 성과를 분석하고 비교하는 데 도움을 주며, 효율적인 포트폴리오 구성을 위한 의사결정을 지원한다. 주요한 지표들로는 변동성, 베타, 샤프 지수 등이 있다.

변동성(Volatility)

주식 또는 자산의 변동성을 계산하는 가장 일반적인 방법은 연간 변동성(Annualized Volatility)을 계산하는 것이다. 연간 변동성은 주가 또는 자산의 가격 움직임의 표준 편차를 사용해 측정된다. 다음은 연간 변동성을 계산하기 위한 간단한 공식이다.

• 일일 수익률 계산

주어진 기간 동안의 일일 수익률을 계산한다. 일일 수익률은 다음과 같이 계산된다.

일일 수익률 = (오늘의 가격 − 어제의 가격) / 어제의 가격

• 일일 수익률의 평균 계산

계산한 일일 수익률의 평균을 구한다. 이를 일일 평균 수익률이라고 한다.

• 일일 수익률의 표준 편차 계산

계산한 일일 수익률의 표준 편차를 구한다. 표준 편차는 주가 또는 자산의 일일 가격 움직임의 변동성을 나타낸다.

• 연간 변동성 계산

표준 편차를 연간 기간에 맞게 조정한다. 보통 미국 주식 시장을 기준으로 연간 기간은 252일로 간주한다.

연간 변동성 = 표준 편차 $\times \sqrt{(252)}$

여기서 252는 미국 주식 시장의 평균 거래일 수다. 주식 시장이 다른 국가나 자산 클래스에 대한 연간 변동성을 계산할 때, 해당 시장의 평균 거래일 수를 사용하면 된다.

변동성은 투자자가 특정 자산의 가격 움직임이 얼마나 예측하기 어려운지를 나타내며, 높은 변동성은 더 큰 가격 움직임을 나타낸다. 일반적으로 높은 변동성을 가진 자산은 높은 리스크를 내포하며, 더 높은 수익과 함께 높은 손실의 가능성을 부여할 수 있다.

베타(Beta)

베타는 주식 또는 자산의 상대적인 변동성을 나타내는 지표로, 일반적으로 다음과 같은 수식을 사용해 계산된다:

베타 (β) = (공분산 주식 수익률과 시장 수익률) / (시장 분산)

여기서 각 요소는 다음과 같이 정의된다.

• 공분산 주식 수익률과 시장 수익률

주식 또는 자산의 일별 수익률과 시장 또는 시장 지수의 일별 수익률 간의 공분산을 계산한다. 공분산은 두 변수 간의 상관 관계 및 변동성을 측정한다. 공분산이 양수면, 주식은 시장과 함께 움직이는 경향이 있고, 음수이면 반대로 움직이는 경향이 있다.

• 시장 분산

시장 또는 시장 지수의 일별 수익률의 분산(또는 표준 편차)을 계산한다. 시장 분산은 시장의 전반적인 변동성을 나타낸다.

계산된 베타 값이 1보다 크면 해당 주식 또는 자산은 시장과 양의 상관관계를 갖는 것으로, 시장의 움직임에 민감하게 반응한다. 베타 값이 1보다 작으면 음의 상관관계를 나타내며, 시장의 움직임에 덜 민감하게 반응한다. 베타 값이 1에 가까우면 해당 주식 또는 자산은 시장과 유사한 움직임을 보인다.

샤프 지수(Sharpe Ratio)

샤프 지수는 투자한 단위 당 포트폴리오의 초과 수익률 대비 리스크를 측정하는 지표다. 샤프 지수가 높을수록 단위 당 초과 수익을 위해 투자한 리스크에 대한 보상이 더 크다는 것을 의미한다.

샤프 지수(Sharpe Ratio)는 포트폴리오의 리스크 조정된 수익률을 측정하기 위한 지표로, 투자자에게 투자 대상의 추가적인 리스크를 어떤 정도의 추가 수익을 기대할 수 있는지 알려준다. 샤프 지수는 다음과 같은 수식을 통해 계산된다:

샤프 지수 (Sharpe Ratio) = (포트폴리오 수익률 − 무 위험률) / 포트폴리오의 수익률의 표준 편차

여기서 각 항목은 다음과 같이 정의된다.

• 포트폴리오 수익률

특정 포트폴리오의 연 평균 수익률 또는 다른 측정 기간의 수익률이다.

• 무위험률

무 위험 자산(예: 국채 또는 금리 스왑)의 연간 수익률로, 일반적으로 정부 증권의 금리로 대체된다.

• 포트폴리오의 수익률의 표준 편차

포트폴리오의 수익률이 얼마나 변동성이 있는지를 나타내는 지표로, 일반적으로 과거 데이터를 사용해 계산된다.

샤프 지수는 포트폴리오의 수익률과 리스크(변동성) 사이의 관계를 측정하는 지표로, 높은 샤프 지수는 단위 리스크당 더 많은 수익을 의미한다. 높은 샤프 지수를 가진 포트폴리오는 리스크 대비 더 많은 수익을 창출하고, 투자자에게 유리한 포트폴리오로 간주된다.

샤프 지수를 계산하는 데 필요한 데이터로 포트폴리오의 일일/월간/연간 수익률과 무 위험률(일반적으로 국채 금리)을 수집해야 한다. 이러한 데이터를 통해 샤프 지수를 계산해 투자 대상의 리스크 대비 수익을 평가할 수 있다.

이러한 지표들을 계산하고 해석하는 과정에서 수치적인 부분이 포함될 수 있다. 예를 들어, 변동성은 수익률의 표준편차를 계산해 수치로 표현할 수 있으며, 베타는 회귀분석을 통해 계산될 수 있다. 샤프 지수는 포트폴리오의 평균 수익률, 무 위험 이자율, 및 변동성을 고려해 계산한다.

투자자는 이러한 지표들을 활용해 포트폴리오의 리스크와 수익률을 평가하고 비교함으로써 효율적인 포트폴리오를 구성할 수 있다.

포트폴리오 시뮬레이션과 최적화

포트폴리오의 시뮬레이션과 최적화는 투자자가 과거 데이터나 모델을 활용해 포트폴리오의 성과를 예측하고 최적화하는 과정을 의미한다. 이를 통해 투자자는 다양한 시나리오를 시뮬레이션하고 최적의 포트폴리오를 구성할 수 있다.

시뮬레이션은 주어진 기간 동안의 과거 데이터를 기반으로 포트폴리오의 성과를 재현하거나, 확률적 모델을 통해 미래의 가능한 시나리오를 모의해 포트폴리오의 성과를 예측하는 것을 말한다. 시뮬레이션을 통해 투자자는 다양한 가정을 바탕으로 포트폴리오의 리스크와 수익률을 평가하고, 특정 시나리오에서의 성과를 예측할 수 있다.

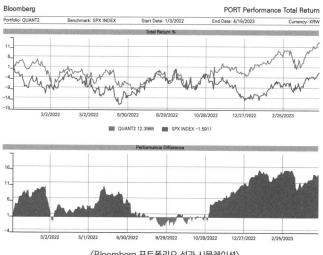

〈Bloomberg 포트폴리오 성과 시뮬레이션〉

최적화는 주어진 목표와 제약 조건을 고려해 포트폴리오를 조정하는 과정이다. 최적화는 주어진 수익률 대비 리스크를 최소화하거나, 주어진 리스크 수준에서 수익률을 최대화하는 포트폴리오를 찾는 것을 목표로 한다. 이를 위해 수학적인 모델이나 최적화 알고리즘을 사용해 여러 자산군의 비중을 조정하고 포트폴리오를 최적화한다.

시뮬레이션과 최적화는 수치적인 부분을 포함하며, 통계적 기법이나 컴퓨터 기반의 계산을 활용해 포트폴리오의 성과를 예측하고 최적화한다. 예를 들어, 몬테카를로 시뮬레이션은 다양한 가정을 바탕으로 수천 번의 시뮬레이션을 실행해 포트폴리오의 성과 분포를 추정한다. 최적화 알고리즘은 목표 함수와 제약 조건을 고려해 포트폴리오의 최적 해를 탐색하는 과정을 수행한다.

투자자는 시뮬레이션과 최적화를 통해 포트폴리오의 성과를 예측하고 최적화함으로써 효율적인 포트폴리오를 구성할 수 있다. 이를 통해 자신의 투자 목표와 성향에 맞는 포트폴리오를 구성하고 리스크를 효과적으로 관리할 수 있다.

포트폴리오 구조와 다양성

포트폴리오의 구조와 다양성은 크기, 스타일, 지역, 산업 등 다양한 차원에서 포트폴리오를 구성함으로써 리스크를 분산시키고 수익을 극대화하는 목표를 가지고 있다. 각 차원에서의 포트폴리오 구성은 투자자의 투자 목표와 성향, 시장 조건 등을 고려해 결정된다.

크기에 따른 포트폴리오 구성

크기에 따라 기업을 대형주, 중형주, 소형주로 분류해 포트폴리오에 포함시키는 것을 말한다. 대형주는 시장 규모가 크고 안정적인 기업으로 구성되어 있으며, 중소형주는 성장 잠재력이 높은 기업으로 구성되어 있다. 투자자는 크기별로 비중을 조절해 리스크를 분산시키고 수익을 극대화할 수 있다.

스타일에 따른 포트폴리오 구성

스타일은 가치주, 성장주, 품질주 등과 같은 특성을 나타내는 요소를 말한다. 가치주는 저평가된 주식으로 구성되어 있으며, 성장주는 성장 잠재력이 높은 기업으로 구성되어 있다. 품질주는 안정성과 수익성이 뛰어난 기업으로 구성되어 있다. 투자자는 스타일별로 포트폴리오를 구성해 다양한 시장 조건에 대응하고 수익을 극대화할 수 있다.

지역에 따른 포트폴리오 구성

지역에 따라 포트폴리오를 구성함으로써 지역별 시장 조건에 대응할 수 있다. 예를 들어, 미국, 유럽, 아시아 등 다양한 지역의 주식을 포트폴리오에 포함시킬 수 있다. 투자자는 다양한 지역의 주식을 조합해 리스크를 분산시키고 다양한 시장의 성과에 참여할 수 있다. 다만, 다양한 지역의 투자의 경우 고려하거나 분석해야 할 범위가 넓어진다는 점은 유의할 필요가 있다.

산업에 따른 포트폴리오 구성

산업에 따라 포트폴리오를 구성해 산업별 리스크를 분산시키고 특정 산업의 성과에 노출될 수 있다. 예를 들어, IT, 금융, 소비재 등 다양한 산업의 주식을 포트폴리오에 포함시킬 수 있다. 투자자는 다양한 산업의 주식을 조합해 산업별 리스크를 분산시키고 다양한 산업의 성과에 참여할 수 있다.

포트폴리오 구성의 다양성은 투자자가 여러 차원에서 리스크를 분산시키고 수익을 극대화할 수 있도록 도와준다. 수치적인 부분은 투자자가 선택한 차원에 따라 해당 자산군의 수익률, 변동성, 상관관계 등을 분석해 포트폴리오 구성에 반영할 수 있다.

3. 헤지 거래: 헤지의 개념과 효과, 다양한 헤지 기법, 헤지의 한계와 대안

헤지의 개념과 목적

헤지라는 단어가 헤지펀드의 이미지로 인해 공격적이라는 변질된 의미로 인식하는 경우가 많다. 그러나 정반대로 헤지란 울타리라는 뜻으로, 투자 대상의 하락요인 중 일부를 차단하는 개념이다. 헤지는 투자 포지션을 보호하거나 손실을 최소화하기 위해 사용되는 전략적인 방법이다.

헤지는 주로 파생상품 계약을 활용해 이루어지며, 주식, 채권, 외환 등의 자산에 적용될 수 있다. 헤지펀드들이 포트폴리오 안정화 과정에서 파생상품을 사용하기 때문에 투자 상품만 두고 공격적인 투자자라는 인식이 생겼지만, 본질은 다르다.

포지션 보호

헤지는 포트폴리오나 투자 포지션을 외부 요인에 대한 불확실성으로부터 보호하는 데 사용된다. 예를 들어, 주식 투자자는 시장의 하락으로부터 보호하기 위해 주가 지수 선물 계약을 매도해 포트폴리오의 가치를 보호할 수 있다. 이를 통해 포트폴리오의 손실을 완화하거나 특정 시나리오에 대비할 수 있다.

리스크 관리

헤지는 투자 포지션에 연결된 리스크를 관리하는 데 사용된다. 예를 들어, 외환 헤지는 통화 변동성으로부터 발생하는 환율 리스크를 완화하기 위해 사용된다. 이를 통해 국제 투자자는 외환 변동으로 인한 손실을 제한하고 예상 수익률을 안정화할 수 있다.

수익 극대화

헤지는 투자자가 특정 시장 상황에서 이익을 극대화하기 위해 사용될 수도 있다. 예를 들어, 특정 산업의 성장을 예상하는 투자자는 해당 산업의 주식을 보유하면서 동시에 해당 산업과 연관된 상품 선물 계약을 매입해 이익을 극대화할 수 있다.

포트폴리오 다변화

헤지는 포트폴리오의 다변화를 도와주는 역할을 할 수 있다. 예를 들어, 주식 투자자는 주식 포지션에 대한 시장 리스크를 완화하기 위해 주가 지수 선물 계약을 매입해 포트폴리오의 리스크를 분산시킬 수 있다.

헤지의 목적은 투자자의 목표와 상황에 따라 다양하게 변할 수 있으며, 투자자는 헤지 전략을 적절히 선택하고 구현함으로써 원하는 목표를 달성하고 리스크를 효과적으로 관리할 수 있다.

헤지 종류별 기법

다양한 종류의 헤지 기법은 다른 유형의 리스크에 대비해 투자 포지션을 보호하거나 관리하기 위해 사용된다. 이하에는 일반적으로 사용되는 몇 가지 헤지 기법과 각각의 설명이 포함되어 있다.

주가 헤지 (Equity Hedge)

주식 포트폴리오의 주가 리스크를 완화하는 데 사용된다. 일반적으로 주가 헤지는 주식 지수 선물 계약 또는 주식 옵션 계약을 매입해 포트폴리오의 주식 리스크를 상쇄시킨다.

ex. 투자자가 주식 포트폴리오를 보유하면서 동시에 주식 지수 선물 계약을 매입해 시장 하락에 대비할 수 있다

통화 헤지 (Currency Hedge)

외환 리스크를 관리하기 위해 사용된다. 외화 투자자가 해당 통화의 가치 하락에 대비해 외환 선물 계약이나 외환 옵션 계약을 매입해 환율 리스크를 완화한다.

ex. 미국 투자자가 일본 주식에 투자하면서 동시에 미국 달러-일본 엔 환율에 대한 선물 계약을 매입해 엔화 가치 하락에 대비할 수 있다

이자율 헤지 (Interest Rate Hedge)

이자율 변동으로 인한 리스크를 완화하는 데 사용된다. 예를 들어, 채권 투자자는 이자율 상승에 따른 채권 가격 하락을 대비해 이자율 스왑 계약을 체결함으로써 이자율 리스크를 관리한다.

ex. 기업이 고정 이자율으로 대출을 받기 위해 이자율 스왑 계약을 체결해 변수 이자율과의 차이를 조정한다

상품 헤지 (Commodity Hedge)

원자재 가격 변동성에 대비해 상품 포지션을 보호하는 데 사용된다. 상품 선물 계약이나 상품 옵션 계약을 매입해 상품 가격의 변동으로부터의 리스크를 완화한다.

ex. 석유 기업이 원유 가격 하락에 대비해 원유 선물 계약을 매입해 수익의 일정한 수준을 보장할 수 있다

각 헤지 기법은 투자자의 목표와 리스크 프로필에 따라 다르게 적용될 수 있다. 헤지 효과를 수치로 평가하기 위해서는 포트폴리오의 구체적인 조건과 헤지 도구의 가격 등을 고려해야 한다. 이를 위해서는 금융 모델링 도구를 활용해 헤지 전략의 수익성과 리스크 감소 효과를 분석할 수 있다.

헤지 전략의 선택 기준

헤지 전략을 선택할 때는 다양한 요인과 기준을 고려해 적절한 전략을 취할 필요가 있다. 전략을 취하기 위한 판단방식에 대해서 알아보자.

리스크 프로필

투자자의 리스크 허용 수준과 투자 목표에 따라 헤지 전략을 선택해야 한다. 예를 들어, 보호 목적으로 주가 하락 리스크를 줄이기 위해서는 주가 헤지 전략을 사용할 수 있다.

자산 클래스

자산 클래스에 따라 헤지 전략이 다를 수 있다. 주식, 채권, 외환, 상품 등 각각의 자산 클래스에 특화된 헤지 전략이 존재한다.

시장 조건

현재 시장 조건과 예상되는 변동성을 고려해 헤지 전략을 선택해야 한다. 예를 들어, 불확실성이 크거나 예상되는 변동성이 높은 시장에서는 헤지 전략의 활용이 더욱 중요해진다.

비용

헤지 전략의 비용도 고려해야 한다. 헤지 도구의 가격, 거래 비용, 유지 비용 등을 평가해 비용 대비 효과를 고려해야 한다.

투자 기간

투자 기간에 따라 헤지 전략을 선택할 수 있다. 단기적인 투자 목표를 가진 경우에는 단기적인 헤지 전략을 사용할 수 있다.

예상 수익성

헤지 전략의 예상 수익성을 평가해야 한다. 과거의 수익성, 효율성 분석, 모델링 결과 등을 고려해 예상 수익성을 평가할 수 있다.

헤지 전략 선택은 복잡한 결정 과정이며, 투자자의 개별적인 상황과 목표에 따라 다를 수 있다. 이에 따라 투자 모델링 도구를 활용해 수치적인 분석을 수행할 수 있다.

헤지의 한계와 위험

헤지 전략은 투자자의 리스크를 줄이고 보호하기 위해 사용되지만, 몇 가지 한계와 추가적인 리스크 요소가 존재한다.

비용

헤지 도구의 구매 및 운용 비용이 추가로 발생한다. 헤지 도구의 비용은 헤지 전략의 효과를 상쇄시킬 수 있으므로 비용 측면에서 주의가 필요한다.

제한된 보호

헤지 전략은 주로 특정한 종류의 리스크에 대한 보호를 제공하지만, 모든 종류의 리스크를 완전히 제거하지는 못한다. 예를 들어, 인덱스 헤지 전략은 시장 인덱스 하락에 대한 보호를 제공하지만, 기업 개별 이슈로 인한 하락에 대해서는 보호를 제공하지 못한다.

타이밍 리스크

헤지 전략의 효과는 시장의 움직임과 타이밍에 따라 달라진다. 올바른 타이밍으로 헤지를 시도하지 못하면 원래의 리스크보다 더 큰 손실을 입을 수 있다.

오작동 리스크

헤지 도구나 전략이 예상대로 작동하지 않을 수 있다. 예측 오류, 시장 조건 변화, 헤지 도구의 제한적인 효과 등으로 인해 헤지 전략이 원하는 대로 작동하지 않을 수 있다.

부분 헤지의 위험

일부 헤지 전략은 포트폴리오 일부분만을 헤지하는 방식으로 구성될 수 있다. 이 경우, 헤지되지 않은 부분의 리스크에 노출될 수 있으며, 이로 인해 추가적인 리스크가 발생할 수 있다.

과도한 헤지 리스크

과도한 헤지 전략은 투자 수익을 제한할 수 있다. 투자자는 헤지로 인해 잠재적으로 얻을 수 있는 이익을 포기해야 할 수도 있다. 헤지 전략들이 상대적으로 일반 투자 자산에 비해 자금 소요가 큰 편은 아니지만, 자본금 일부를 배분하고 투자 수익의 일부를 상쇄시키는 성질을 지닌 만큼 투자 수익을 축소시킬 수 있다.

헤지 전략은 주식 시장에서의 리스크를 줄이는 데 도움을 주지만, 완전한 보호를 제공하지는 않는다. 투자자는 헤지 전략의 장점과 한계를 신중히 고려하고, 투자 전략에 맞게 적절하게 헤지를 구성해야 한다. 수치적인 부분은 헤지 전략의 구체적인 적용과 관련된 데이터와 모델링을 통해 분석되어야 한다.

대안적인 리스크 관리 전략

분산 투자: 분산 투자는 포트폴리오를 다양한 자산군으로 구성해 리스크를 분산시키는 전략이다. 주식, 채권, 부동산, 원자재 등 다양한 자산군에 투자함으로써 개별 자산의 리스크에 대한 노출을 제어할 수 있다. 이를 통해 전체 포트폴리오의 리스크를 줄이고 수익의 안정성을 향상시킬 수 있다.

자산 배분

포트폴리오 내에서 각 자산 클래스의 비중을 조절하는 전략이다. 투자자의 투자 목표, 투자 기간, 리스크 허용 수준 등을 고려해 주식, 채권, 현금 등의 자산 클래스의 비중을 조정한다. 자산 배분은 다양한 리스크 요소에 대한 고려를 통해 포트폴리오의 리스크를 관리하고 수익을 극대화하는 데 도움을 준다.

옵션 투자

옵션은 주식 등의 기초자산에 대한 권리를 제공하는 파생상품이다. 옵션을 이용한 투자 전략은 포트폴리오의 리스크를 관리하는 데 유용하다. 예를 들어, 주가 하락에 대비해 주가 옵션을 구매하거나, 포트폴리오의 수익을 보호하기 위해 옵션 매도 등의 전략을 활용할 수 있다.

상장지수펀드 (ETF)

특정 지수를 추적하는 투자 상품으로, 다양한 자산 클래스에 대한 포트폴리오 다변화를 손쉽게 구현할 방법이다. ETF를 이용해 주식, 채권, 원자재 등에 포함된 리스크를 분산시킬 수 있으며, 투자자는 단일 투자 상품으로 다양한 자산에 투자할 수 있다.

자동화 투자

컴퓨터 알고리즘을 활용해 포트폴리오를 관리하는 전략이다. 자동화 투자 시스템은 투자자의 목표와 투자 정책을 기반으로 자동으로 투자 결정을 내리며, 투자자의 감정적 요소나 실수의 영향을 최소화한다. 이를 통해 효율적인 포트폴리오 관리와 리스크 통제를 달성할 수 있다.

　이러한 대안적인 리스크 관리 전략은 투자자의 투자 목표와 투자 시나리오에 따라 선택되어야 한다. 수치적인 부분은 해당 전략을 구체적으로 적용하기 위한 데이터와 모델링을 통해 분석되어야 한다.

Tax&Fee

해외투자는 환율과 세금에 대한 고려를 동반한다.

어렵다면 기관 투자자에게 맡기거나 국내상장 ETF 투자도 좋은 방법이다.

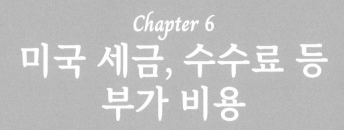

Chapter 6

미국 세금, 수수료 등 부가 비용

1. 세금

미국 주식 매매 세금 종류

미국 주식 투자에서는 국내 주식 투자와 다른 계산법의 세금이 발생할 수 있다. 아래는 주요한 세금 종류에 대한 설명이다.

양도소득세

양도소득은 주식 매매에서 발생한 이익을 말한다. 해외 주식 매도 시점을 기준으로 발생한 차익에 대해서 양도소득세가 발생하며 투자자에게는 자신 신고 의무가 있다. 주요 계산법은 다음과 같다.

양도소득세 신고기간	20XX년 1월 2일 ~ 20XX년 12월 말일(결제분까지) ※과세 신고: 다음 해 5월 자진신고

양도소득세 세율	양도소득세 20% + 주민세 2%(양도소득세의 10%) = 과세 금액의 22%
양도소득세 기본공제	250만 원
양도소득세 신고 방법	자진신고: 국세청 홈택스 (http://hometax.go.kr) 서면신고: 관할 세무서 ※양도소득세 문의: 국세청 "세미래" 콜센터 tel: 126
계산 방법	취득가액(매수대금): 가격 * 주식 수 * 결제일 환율 양도가액(매도대금): 가격 * 주식 수 * 결제일 환율 기타필요경비: 수수료 총합 * 결제일 환율 ※산출세액 = (취득가액 − 양도가액 − 기타 필요경비 − 250만 원) X 22%

양도소득세를 간단히 표현하자면, 원화 기준으로 수익이 발생한 250
만 원을 초과하는 금액의 소득금액에 대해서만 22%가 매겨진다고 보면
된다. 또한, 이는 자진신고인 점을 참고하자.

배당세 (Dividend Tax)

배당금은 주식 보유자에게 지급되는 기업의 이익 분배다. 미국에서는
배당금에 대해 별도의 세금이 부과된다. 배당금은 보통 세금 신고 시 주
당 배당액과 지급일에 따라 일반 소득세율이 적용된다.

국가	현지	국내	합계
미국	15%	−	15%

배당세의 중요한 점은 국내에서 부과되는 것이 아닌 미국 현지에서 부
과 된다는 점이다. 때문에 달러 기준으로 먼저 배당세를 계산하는 것이
편리하다.

세금에 대한 수치적인 부분은 개인의 소득, 거래 이익, 보유 기간 등 다
양한 요인에 따라 달라지므로 개별적인 상황에 맞게 세금전문가와 상담

하는 것이 중요하다.

총수익과 세금 계산

　주식 매매 수익에 대한 세금을 계산하는 방법은 일반 소득세율을 기반으로 한다. 주식 매매 수익은 양도소득이나 배당금으로 발생할 수 있으며, 각각에 대한 세금 계산 방법이 조금씩 다르다. 다음은 세금 계산 방법이다.

〈미국 주식 세금 계산 예시〉

1. 양도소득세

양도소득 예시:

매수가격: $10,000

매도가격: $12,000

매수환율: 1,200원/$

매도환율: 1,300원/$

보유 기간: 1년

기타필요경비: 0으로 가정

양도소득세 계산:

수익 = (매도가격 X 매도시점 환율) − (매수가격 X 매수시점 환율) = ($12,000 X 1,300원/$) − ($10,000 X 1,200원/$) = 3,600,000원

양도소득세에 따라 세금을 계산한다.

양도소득세 = (수익−기타필요경비−기본공제) X 양도소득세율 = (3,600,000−2,500,000) X 22% = 242,000원

---

2. 배당세

배당금 예시:

배당금 $1,000

현재환율: 1,300원/$

배당세 계산:

배당세 = 배당금 X 배당세율 = $1,000 X 15% = $150

원화 환산 배당세 = $150 X 1,300원/$ = 195,000원

2. 수수료와 비용

미국 주식 거래 수수료 종류

미국 주식 거래 시 발생하는 수수료는 다양한 형태로 존재하며, 거래소, 중개인, 금융기관 등이 수수료를 부과할 수 있다. 아래는 일반적으로 발생하는 주요 수수료에 대한 개요와 설명이다.

거래 수수료

거래 수수료는 주식 거래 시 주식을 매수하거나 매도하는데 발생하는 수수료이다. 이는 거래를 중개하는 온라인 또는 오프라인 중개인 또는 금융기관에 지불한다. 거래 수수료는 종목, 거래 규모, 중개인 등에 따라 다양하며 일반적으로 주식 거래 금액의 일정 비율로 책정된다. 예를 들어, 거래 수수료가 0.1%인 경우, 1,000달러의 거래에는 1달러의 수수료가 발생한다.

거래소 수수료

주식 거래는 거래소에서 실행되며, 이에 따라 거래소 수수료가 부과될 수 있다. 거래소 수수료는 주식 거래 실행에 필요한 시스템 사용료나 거래소 이용료 등을 포함한다. 거래소 수수료는 거래소에 따라 다르며, 일정 금액 또는 거래 규모에 따라 책정될 수 있다.

주문 유형에 따른 수수료

주식 거래 시 특정 주문 유형을 선택하는 경우 추가 수수료가 발생할 수 있다. 예를 들어, 시장가 주문이나 지정가 주문에는 일반적으로 일반 거래 수수료가 부과된다. 그러나, 조건부 주문이나 옵션 거래와 같은 특정 주문 유형은 추가 수수료가 필요할 수 있다.

관리 수수료

관리 수수료는 투자자의 자산을 관리해주는 투자 기관이나 자문 업체에 지불되는 수수료다. 이는 투자 포트폴리오의 규모에 따라 일정 비율로 책정될 수 있다. 예를 들어, 관리 수수료가 연간 1%인 경우, 10,000달러의 투자 자산에는 연간 100달러의 수수료가 부과된다.

입출금 수수료

입출금 수수료는 투자자가 투자 계좌에 자금을 입금하거나 인출할 때 발생하는 수수료이다. 이는 금융기관에 따라 다르며, 일정 금액 또는 일정 비율로 책정될 수 있다. 예를 들어, 입출금 수수료가 10달러인 경우, 1,000달러를 입금하거나 인출할 때 10달러의 수수료가 부과된다.

수수료는 투자자의 거래 스타일, 거래 빈도, 투자 규모 등에 따라 다양하게 변동할 수 있다. 따라서 투자자는 수수료 구조를 고려해 주식 거래를 계획하고, 수수료를 최소화하면서도 투자 수익을 극대화하는 전략을 수립하는 것이 중요하다. 또한, 수수료 외에도 투자에 관련된 기타 비용 및 조건도 고려해야 한다.

수수료 관련 비용과 부가 서비스

주식 거래에서 거래 수수료 외에도 다양한 기타 비용과 부가 서비스가 발생할 수 있다. 이를 이해하고 고려하는 것이 중요하다.

슬리피지(Slippage)

주문이 체결되는 과정에서 주식 가격의 변동으로 인해 발생하는 추가 비용이다. 시장의 변동성이 크거나 거래량이 많은 경우, 주문이 체결되는 가격이 원하는 가격보다 높거나 낮아질 수 있다. 이로 인해 거래 비용이 예상보다 증가할 수 있다.

스프레드(Spread)

매수와 매도 가격 사이의 차이를 의미한다. 일반적으로 주식 거래에서 매수 가격은 시장 가격보다 높고, 매도 가격은 시장 가격보다 낮다. 이 차이는 거래소의 수수료와 거래 업체의 이윤을 포함한 것이며, 스프레드가 클수록 거래 비용이 더 커질 수 있다. 특히, 스프레드에 의한 손실은 시장가 거래를 선호하는 투자자일수록 확대될 수 있으며 지정가 거래를 이용한다면 이를 최소화할 수 있다.

환전 수수료

미국 주식을 외국 투자자가 거래하는 경우, 환전 수수료가 발생할 수 있다. 주식 거래를 위해 외화를 환전해야 하므로 해당 국가의 환전 수수료 및 환율 변동에 따라 추가 비용이 발생할 수 있다. 특히, 환전 수수료의 경우 거래 증권사들이 상당한 고리의 퍼센트를 취하는 경우가 많다. 따라서 실제로 투자할 금액의 범위 내에서 환전하는 것이 좋다. 또한, 한번 환전을 진행했다면 가능한 한 해당 금액을 다시 환전하지 말고 그대로 유지하는 것이 좋다.

데이터 이용료

실시간 시장 데이터나 전문적인 연구 도구를 이용하기 위해 별도의 데이터 이용료가 필요할 수 있다. 특정 플랫폼에서 제공하는 실시간 시세, 차트, 뉴스 등의 서비스를 사용하려면 해당 비용을 지불해야 한다. 다만, 최근 시장에서는 유료라고 생각했던 데이터들을 무료로 공개하고 있는 플랫폼들이 많기 때문에 이 부분을 이용한다면 비용지출을 최소화할 수 있다.

애널리스트 조언 및 연구 보고서

일부 온라인 중개인이나 투자 서비스 업체는 애널리스트의 조언이나 연구 보고서를 제공한다. 이러한 부가 서비스를 이용하기 위해서는 추가 비용이 발생할 수 있다.

이러한 비용과 부가 서비스는 투자자의 거래 스타일과 우선순위에 따라 달라질 수 있다. 자금 규모와 무관하게 중요한 요소가 있다면, 발생하는 가치 대비 비용을 최소화해 자산의 이익률을 극대화해야 한다는 것에는 이견이 없을 것이다. 자산규모가 크다면 더욱 양질의 데이터와 정보를 구매하는 데 비용을 집중할 필요가 있다. 반대로 자산규모가 작다면, 적은 비용으로 가성비 있는 투자를 진행할 수 있도록 정보를 수집하고 계획할 필요가 있다.

3. 환율 비용

환율 변동의 개념과 영향

환율 변동은 한 국가의 통화가치가 다른 국가의 통화에 대해 상대적으로 변동하는 것을 의미한다. 즉, 두 국가의 통화 간의 환율은 변동할 수 있다. 환율 변동은 다양한 요인에 의해 발생하며, 이는 미국 주식 투자에도 영향을 미칠 수 있다. 여기에서는 환율 변동의 개념과 미국 주식 투자에 미치는 영향에 대해 알아보자.

환율 변동의 개념

환율은 국가의 통화를 다른 국가의 통화로 교환할 때 필요한 비율을 의미한다. 이 비율은 수시로 변동하며, 이러한 변동을 환율 변동이라고 한다. 환율은 다양한 요인에 의해 영향을 받으며, 경제 상황, 이자율, 정책 변화, 국제무역 등이 주요한 영향 요인이다.

미국 주식 투자에 미치는 영향

환율 변동은 미국 주식 투자에 영향을 미칠 수 있다. 주요 영향 요인은 다음과 같다.

• 외국 투자자 : 미국 주식 시장에는 외국 투자자가 많이 참여한다. 환율 변동은 외국 투자자의 투자 수익을 변화시킬 수 있다. 예를 들어, 외국 투자자가 미국 주식을 보유한 후 환율이 상승하면 그들은 환전 시 더 많은 자국 통화를 얻게 되어 수익이 증가한다.

• 수출 및 수입 기업 : 미국 기업 중 일부는 해외에서 수출하거나 외국에서 제품을 수입하는 경우가 있다. 환율 변동은 이러한 기업의 경쟁력과 수익을 영향을 줄 수 있다. 예를 들어, 미국 달러의 가치가 상승하면 미국 제품의 가격이 상승하게 되어 수출 기업에 불리할 수 있다.

• 외국 기업의 영향 : 미국 주식 시장에는 외국 기업도 상장되어 있다. 주로 ADR 형태로 상장되어 있으며 본토 증시에도 동시상장 되어 있는 경우가 많으며 수익 활동은 본토에서 진행한다. 그 때문에 환율 변동은 외국 기업의 수익에 영향을 미치며, 이는 해당 기업의 주가에도 영향을 미칠 수 있다.

환율 변동은 미국 주식 투자에 영향을 미치는 주요인 중 하나다. 투자자는 이러한 환율 변동을 주시하고, 변동에 따른 잠재적인 위험과 기회를 평가해 투자 결정을 내리는 것이 중요하다. 특히, 다양한 국제적 요인과 경제 상황을 고려해 미국 주식 투자를 진행해야 한다.

환율 변동으로 인한 부가 비용

환율 변동은 주식 투자에 부가적인 비용을 초래할 수 있다. 이는 다음과 같은 방법으로 영향을 미칠 수 있다.

외환 수수료

환율 변동으로 인해 통화를 교환할 때 외환 수수료가 발생할 수 있다. 투자자가 자국 통화를 미국 달러로 교환하거나, 미국 달러를 자국 통화로 환전할 때 환전수수료가 부과될 수 있다. 이러한 수수료는 환율 변동으로 인해 증가할 수도 있다.

환전 비용

미국 주식에 투자하기 위해 자국 통화를 미국 달러로 환전해야 할 경우, 환율 변동에 따라 환전 비용이 발생할 수 있다. 변동하는 환율에 따라 투자에 필요한 금액이 증가하거나 감소할 수 있으므로, 이는 투자 비용에 영향을 미친다.

외화 환산 손실

주식 투자 시 환율 변동으로 인해 주식의 가치가 변동할 수 있다. 투자자가 미국 주식을 보유하고 있다가 환율이 변동함으로써 자국 통화로 환전할 때, 기존 투자 금액과 실제 환전되는 금액 간에 차이가 발생할 수 있다. 이는 외화 환산 손실로 이어진다.

외화 환산 이익

반대로, 환율 변동이 투자자에게 이익이 될 수 있다. 투자자가 미국 주식을 보유하고 있다가 환율이 상승해 자국 통화로 환전할 때, 실제 환전 금액이 투자한 금액보다 높아질 수 있다. 이는 외화 환산 이익으로 이어진다. 환율 변동 손익은 국가별로 상이하나 몇 개월 내에 10% 이상도 변화가 생길 수 있기에 주식 수익률을 역전할 수 있을 만큼 큰 변화다.

필자는 실제로 자산운용 과정에서 주가지수의 하락에도 환손익으로 수익 전환한 경우를 많이 확인했다. 통화가 안정적인 국가에서는 환율 예측이 어렵지 않은 만큼 환 헤지의 필요시점을 잘 계산한다면, 추가적인 알파 손익을 노려볼 만한 전략이다. 다만, 환율에 대한 기본적인 범위 인식과 개념이 부족하다면 오히려 손실을 키울 수 있기 때문에 사전에 환 헤지 할 것을 추천한다.

환율 변동으로 인한 부가 비용은 투자자의 관점과 타이밍에 따라 다를 수 있다. 따라서 환율 변동을 고려해 주식 투자를 결정하고, 변동에 따른 부가 비용을 신중하게 평가해야 한다. 또한, 환율 변동 노출 위험을 효과적으로 관리하기 위해 외환시장 동향을 모니터링하고, 필요에 따라 환전 시점을 조정하는 것이 중요하다.

환율 변동 예측과 대응 전략

환율 변동을 정확하게 예측하는 것은 어려운 일이지만, 다양한 도구와 전략을 활용해 대응할 수 있다. 다음은 환율 변동을 예측하고 대응하기 위한 전략과 도구에 대한 설명이다.

실시간 환율 정보

주식 거래 플랫폼은 실시간으로 환율 정보를 제공한다. 투자자는 플랫폼 상에서 실시간 환율 변동을 모니터링할 수 있으며, 이를 기반으로 거래 결정을 내릴 수 있다. 실시간 정보를 통해 환율 변동을 놓치지 않고 적시에 대응할 수 있다.

다양한 주문 유형

주식 거래 플랫폼은 다양한 주문 유형을 제공해 환율 변동에 대한 대응을 할 수 있도록 한다. 지정가 주문을 통해 원하는 환율 수준에서 거래를 진행할 수 있다. 또한, 트레일링 스탑 주문을 사용해 환율이 일정 범위 내에서 움직일 때 주문이 자동으로 실행되도록 설정할 수 있다.

환율 통화 선택

주식 거래 플랫폼에서는 투자자가 거래할 때 사용할 환율 통화를 선택할 수 있다. 투자자가 자신의 통화로 거래를 진행할 수 있으며, 필요에 따라 다른 통화로도 거래를 할 수 있다. 이는 환율 변동으로 인한 비용을 최소화하고 자산을 효과적으로 관리하는 데 도움을 준다.

환율 예측 도구

일부 주식 거래 플랫폼은 환율 변동 예측 도구를 제공하기도 한다. 이 도구를 통해 투자자는 환율의 추세를 분석하고 예측할 수 있으며, 이를 토대로 거래 결정을 내릴 수 있다. 수치적인 부분은 플랫폼마다 다를 수 있으며, 투자자가 신뢰할 수 있는 예측 도구를 선택하는 것이 중요하다.

기술적 분석(Technical Analysis)

과거의 환율 데이터를 분석해 패턴과 트렌드를 파악하는 방법이다. 주가 차트, 이동 평균선, 상대 강도 지수 등을 이용해 환율의 방향성을 예측하고, 이를 토대로 대응 전략을 수립할 수 있다.

기본적 분석(Fundamental Analysis)

경제 지표, 정치 상황, 금리 변동 등의 요인을 분석해 환율의 움직임을 예측하는 방법이다. 경제 지표를 살펴보고 해당 국가의 경제 상황을 평가해 환율의 추세를 예측하고, 이를 바탕으로 투자 결정을 내릴 수 있다. 예를 들어, 국가의 경제 성장률, 인플레이션 수준, 정책 금리 등이 환율에 영향을 미치는 요소로 볼 수 있다.

펀더멘털 분석(Currency Fundamental Analysis)

특정 통화의 기초적인 요소를 분석해 해당 통화의 가치를 평가하는 방법이다. 각국의 경제 지표, 중앙은행의 통화 정책, 정치적 상황 등을 고려해 해당 통화의 강도를 평가하고, 다른 통화와의 상대적 가치 변동을 예측할 수 있다. 펀더멘털 분석은 환율 변동을 예측하고 대응하기 위한 중요한 도구 중 하나다.

환헤 도구 활용 (Hedging Instruments)

환헤 도구는 환율 변동에 대한 위험을 완화하기 위해 사용되는 도구다. 선물 계약, 환전 옵션, 환율 스왑 등의 도구를 활용해 특정 시점에서의 환율을 고정하거나 위험을 분산시킬 수 있다. 이를 통해 투자자는 환율의 변동에 따른 손실을 최소화하거나 통화 변동에 대한 보호를 받을 수 있다.

다양한 투자 전략 활용 (Diversification)

투자 포트폴리오를 다양화해 환율 변동의 영향을 분산시키는 것도 중요
한 전략이다. 다양한 국가의 주식, 채권, 부동산 등 다양한 자산 클래스에
투자함으로써 통화 리스크를 분산시킬 수 있다. 이를 통해 단일 통화에
종속되지 않고, 여러 통화로 구성된 포트폴리오를 통해 안정성과 수익을
극대화할 수 있다.

금리 변동과 환율

금리는 통화의 가치와 밀접한 관련이 있다. 일반적으로 금리가 높을수록
해당 통화의 수요가 증가하며, 따라서 통화의 가치가 상승할 수 있다. 따
라서 특정 국가의 금리가 상승하면 해당 국가 통화의 가치가 상승하고,
외국 환전 시 환율이 영향을 받을 수 있다.

경제 성장률과 환율

경제 성장률은 통화에 대한 수요와 관련이 있을 수 있다. 경제가 성장할
수록 투자와 소비가 증가하며, 이는 통화 수요의 증가로 이어질 수 있다.
따라서 경제 성장이 강한 국가는 해당 통화의 가치가 상승할 수 있으며,
이는 환율에 영향을 줄 수 있다.

인플레이션과 환율

인플레이션은 통화의 가치에 직접적인 영향을 미칠 수 있다. 고려해야 할
중요한 요소는 상대적인 인플레이션 수준이다. 인플레이션 수준이 높은

국가의 통화는 상대적으로 가치가 하락할 수 있으며, 이는 환율에 영향을 미칠 수 있다.

환험 분산(Currency Diversification)
환험 분산은 자국 통화에 집중된 투자 위험을 완화하기 위해 다양한 통화로 포트폴리오를 분산시키는 것을 의미한다. 다른 통화로 투자함으로써 환율 변동에 대한 영향을 분산시키고, 전체 포트폴리오의 안정성을 높일 수 있다. 예를 들어, 미국 주식에 투자할 때 일부 자산을 다른 통화로 투자하는 것이 가능하다.

환전 타이밍(Timing Currency Conversions)
환전 타이밍은 환율이 유리한 때에 통화를 교환해 환전 비용을 최소화하는 전략이다. 환율이 투자자에게 유리한 시기에 자국 통화를 미국 달러로 환전해 주식을 구매하거나, 미국 달러를 자국 통화로 환전해 이익 실현을 할 수 있다. 이를 위해 외환 시장의 동향을 주기적으로 모니터링하고, 전문가의 조언을 참고해 환전 시기를 결정할 수 있다.

장기 투자(Long-Term Investing)
장기적인 관점에서 주식을 보유하는 것은 환율 변동의 영향을 완화할 수 있는 전략이다. 장기적으로 주식에 투자하면서 환율 변동의 단기적인 변동에 휘둘리지 않고, 오랫동안 주식의 가치 상승을 추구할 수 있다. 장기 투자를 통해 주식의 성과를 극대화할 수 있으며, 환율 변동이 일시적인 요소로 간주될 수 있다.

환율 변동에 대한 정확한 예측은 어렵지만, 이러한 전략과 도구를 적절히 활용하면 투자자는 환율 리스크를 관리하고 투자 수익을 극대화할 수 있다. 자신의 투자 목표와 위험 허용도를 고려해 이러한 전략을 조합하고, 상황에 따라 조정하며 투자 결정을 내려야 한다.

외환 헤지 활용 방법과 장단점

외환 헤지는 투자자가 외화 자산을 보유하는 동안 발생할 수 있는 환율 변동으로 인한 위험을 완화하는 전략이다. 이를 통해 투자자는 환율의 부정적인 영향을 최소화하고 예측 가능성과 안정성을 높일 수 있다. 외환 헤지는 주식 투자에서 특히 국제 시장에 진출하거나 외국 기업에 투자하는 경우에 유용하게 활용된다. 다음은 외환 헤지의 개념과 투자에서의 활용 방법과 장단점에 대한 설명이다.

투자에서의 활용 방법

• 통화 선물 계약 : 주식 포트폴리오의 통화 리스크를 완화하기 위해 특정 통화와의 선물 계약을 맺는 것이다. 투자자는 미리 환율을 고정시킴으로써 향후 환율 변동으로 인한 손실을 예방할 수 있다.

• 옵션 거래 : 옵션은 환율의 상승이나 하락에 따라 이익을 얻거나 손실을 제한하는 데 사용될 수 있다. 주식 투자에 적용할 때는 외화 옵션을 매입해 통화 리스크를 보호할 수 있다.

• 통화 스왑 : 투자자가 다른 통화를 빌려서 주식 투자를 할 경우, 해당 통화의 이자율과 환율을 고려해 통화 스왑을 활용해 외환 리스크를 완화할 수 있다.

〈외환 헤지의 장단점〉

장점

• 외환 리스크 관리: 주식 투자에서의 외환 헤지는 투자자에게 외환 리스크를 관리하고 환율 변동으로 인한 손실을 최소화하는 기회를 제공한다.

• 안정성 향상: 외환 헤지를 통해 환율 변동성이 수익률에 영향을 주지 않기 때문에 주식 포트폴리오의 변수가 줄어들고 예측 가능성이 커진다.

• 국제 투자 확대: 외환 헤지를 사용하면 국제 시장에 진출하거나 외국 기업에 투자할 때 더 많은 기회를 얻을 수 있다.

단점

• 비용: 외환 헤지를 위한 옵션 계약이나 통화 스왑 등은 추가적인 비용이 발생할 수 있다. 따라서 헤지 비용을 고려해야 한다.

환율 리스크를 관리하기 위한 외환 헤지는 주식 투자에서 투자자의 안정성과 수익을 극대화하는 중요한 전략이다. 투자 목표와 위험 허용도를 고려해 외환 헤지를 적절히 활용하고, 상황에 따라 조정해 투자 결정을 내려야 한다.

현대 사회의 그래프게임

현대 사회에서 해외 시장의 장벽은 더 이상 존재하지 않는다. 필자는 증권사에서 각국 해외 상품들을 직접 여러 국가의 브로커들과 거래하면서 국가 간 장벽이 없이 거래되는 것을 확인했다. 결제 프로세스상의 사소한 차이는 존재할지라도 수익 활동에 있어서 장벽이 없다. 이 부분은 기관에만 해당되는 것이 아니라 개인도 마찬가지다. HTS 내부에 있는 상품들에 한정해 거래가 가능한 것이 아닌, 어느 국가의 상품이든 원한다면 언제든 거래할 수 있다.

또한, 여러 운용사, 특히 헤지 펀드들의 거래를 보면 그 어떤 시장에서도 수익을 내는 방식은 존재한다. 상품에 대한 인사이트를 넓히는 것만으로도 어떤 시장이든 기회를 창출할 수 있다는 것을 봐왔고, 실제로 해당 거래의 수익을 눈으로 보아왔다.

특히, 미국 금융 시장은 그 어떤 상황에서도 수익을 낼 상품이 존재하고 생각보다 낮은 리스크로도 꾸준한 수익을 추구할 수 있는 상품들도 존재한다. 이러한 점을 인지하고 시장이 상승할 때든 폭락할 때든 수익 낼 기회가 만연하다는 것을 기억하고 투자하자.

한편, 반복해서 강조하지만 내가 투자하는 시장이 잘 오르지 않는다면 저평가되었다는 믿음만을 가져서는 안 된다. 많은 투자자들이 따르는 워런 버핏은 본인이 미국 시장에 투자했던 것이 행운이었다고 언급한 바 있다. 투자하는 시장이 애초에 돈이 쌓이지 않는 시장이 아닌지 의심해 볼 필요가 있다는 것이다.

현대 사회의 투자는 그래프게임이다. 시장의 자금이 유입되지 않는다면 절대 자산가치는 증가하지 않는다. 이러한 자본주의의 기초적인 성질을 유념해서 투자하기를 바란다.

그래프 게임: 미국 주식과 ETF

초판 1쇄 발행 2024년 2월 22일
2쇄 발행 2024년 7월 10일

대표 저자 윤 진
공   저 김수아
디 자 인 김경민
펴 낸 이 김병호
책임편집 주식회사 바른북스 편집부

발 행 처 주식회사 바른북스
출판등록 2019년 4월 3일 제 2019-000040호
주소 서울시 성동구 연무장5길 9-16, 301호 (성수동2가, 블루스톤타워)
전화 070-7857-9719 **팩스** 070-7610-9820

ⓒ 윤진, 2024
ISBN 979-11-93647-93-6 03320

Black Quant Equity [블랙퀀트에쿼티] 글로벌 ETF 투자 문의

홈페이지 www.barunbooks.com **이메일** barunbooks21@naver.com